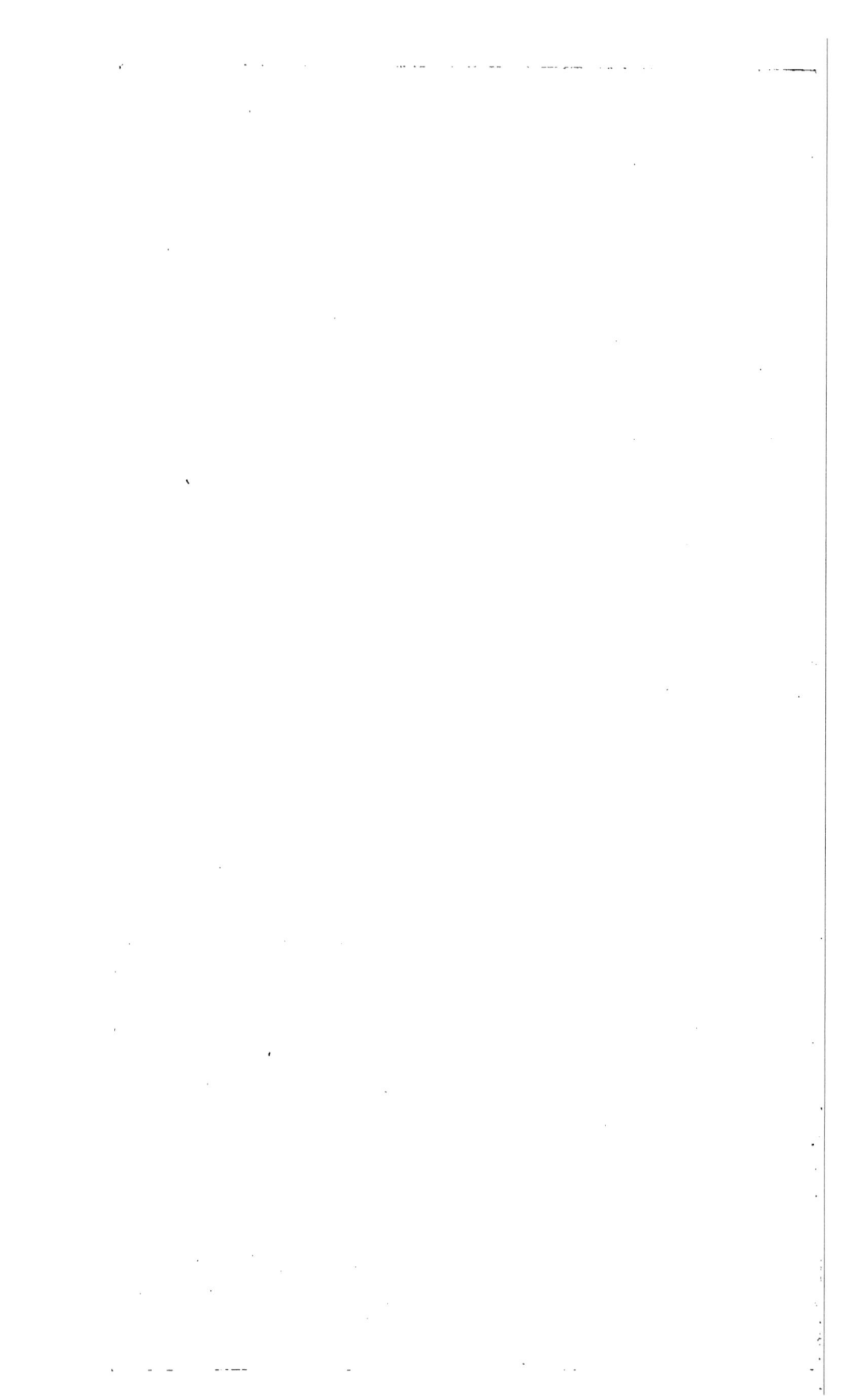

SAINT

VULFRAN

D'ABBEVILLE.

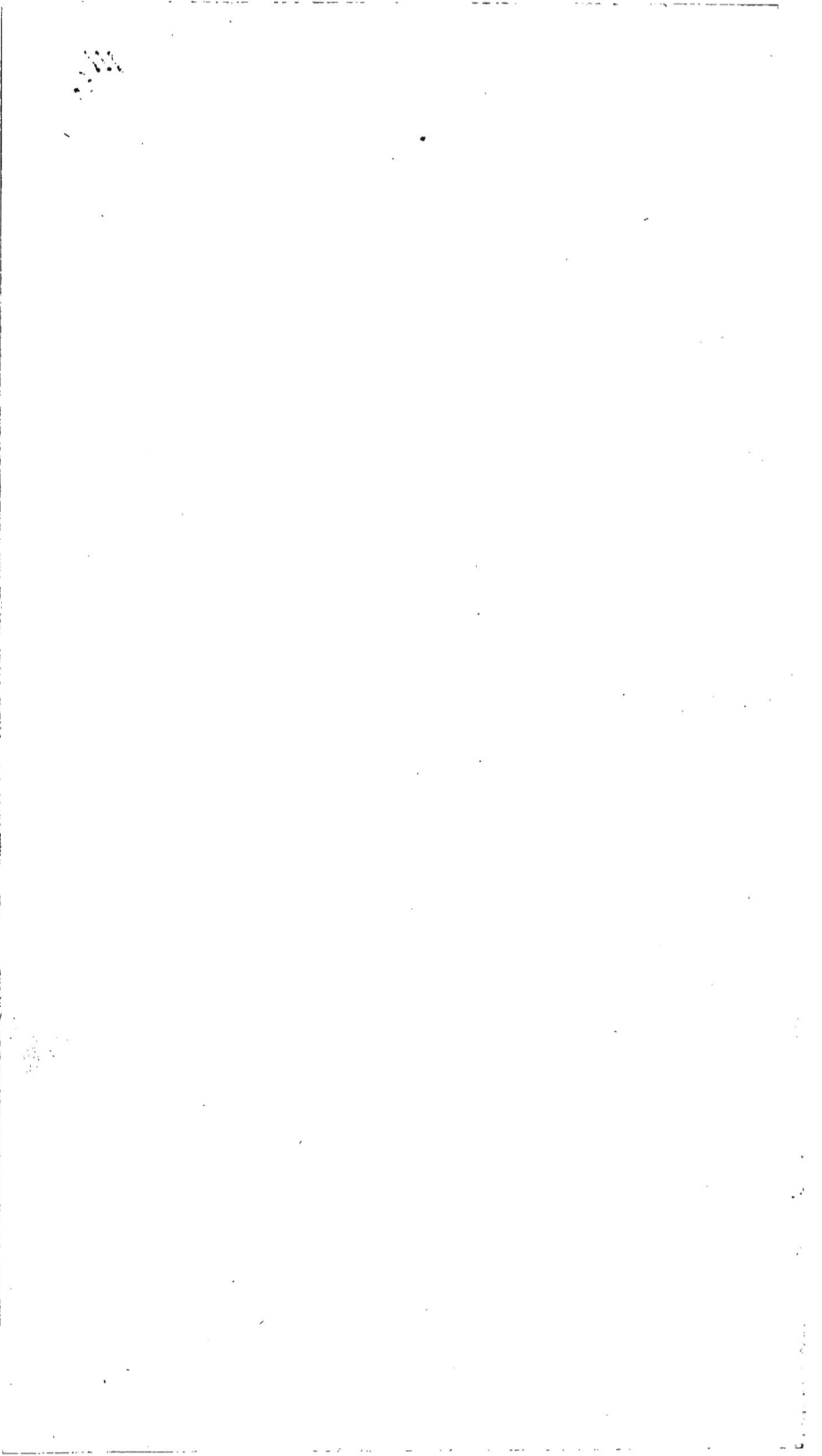

SAINT

VULFRAN

D'ABBEVILLE

PAR

E. PRAROND.

———

Extrait des *Mémoires* de la Société impériale d'Émulation d'Abbeville.

ABBEVILLE

TYPOGRAPHIE DE P. BRIEZ.

—

1860.

SAINT

VULFRAN

D'ABBEVILLE [1]

I

Suivant le P. Ignace, qui n'ose cependant l'affirmer,
le roi Louis XII, comte de Ponthieu, après avoir posé
lui-même la première pierre de l'église [2], aurait chargé
le cardinal Georges d'Amboise de la surveillance des
travaux. « Ses armes, dit-il, — celles du cardinal — sont
au frontispice du grand portail de Saint-Vulfran, à costé
de celles du roi Louis XII, et de l'autre costé de celles
d'Abbeville..... L'église de Saint-Vulfran, dit-il plus
loin, est bastie de pierres artistement unies et ralliées
d'un bel ordre. Les pilliers du dedans sont fort hauts
et la voûte fort élevée, où sont les armoiries de plu-

---

(1) Cette monographie n'est qu'un chapitre, mais un chapitre
entièrement neuf, d'une nouvelle édition, très-augmentée et pré-
sentement en préparation, des NOTICES SUR LES RUES D'ABBEVILLE.

(2) Nous verrons plus loin (dans les divisions historiques de
ce travail) que Louis XII ne posa cette pierre que par les mains
du maïeur, son représentant *ad hoc*.

sieurs princes, comtes et seigneurs de marque, qui ont donné de leurs biens pour le bastiment de l'église. Elle a un frontispice le plus curieusement élabouré qu'aucun qui soit en la province, y ayant trois grandes portes ornées de plusieurs représentations, figures et images des saints de la grandeur humaine, au-dessus desquelles se voyent deux grosses tours carrées, avec leurs galleries et balustres élevées de la hauteur de 33 toises ou environ. »

LE PORTAIL.

Rien, excepté le portail, n'est terminé dans Saint-Vulfran ; la nef, les bas-côtés, les bras de la croix et le chœur attendent les ouvriers qui les soutiendront et les compléteront. Jamais le triste mot du poète : *pendent interrupta,* n'a reçu une application plus désespérante, et cependant la grandeur et la beauté du portail, décoration et *blason* d'Abbeville, feront toujours regretter l'inachèvement des travaux. « Considéré comme œuvre d'art sous le rapport de l'invention et de l'exécution, ce portail, remarque M. Garnier (1), doit être rangé parmi les monuments les plus remarquables du moyen-âge. » C'est aussi l'avis de M. Raymond (2), dont nous relèverons et discuterons cependant plus loin quelques critiques : « La façade de Saint-Vulfran présente une ordonnance régulière et élégante, une suite de fenêtres ogives délicatement figurées sur les murs, des cordons

(1) *Mémoire sur les monuments religieux et historiques du département de la Somme.* Amiens, 1839.

(2) Lettre adressée au rédacteur du *Journal d'agriculture et de commerce du département de la Somme,* datée du 17 février 1819, et signée Raymond, ancien professeur de l'Université.

formés de rameaux entrelacés avec art, un fronton
imposant. En considérant ces guirlandes de sculpture
qui s'étendent dans toutes les directions et les compartiments agréables des faces de la tour élevée à l'extrémité
septentrionale de la haute muraille qui sépare la nef
du chœur et fixe la longueur du bras transversal de la
croix latine, l'antiquaire se croit transporté au château
de Gaillon, bâti vers 1500 par le cardinal d'Amboise,
château dont les superbes débris décorent encore la première cour de l'ancien musée des monuments français
à Paris. » — *M. Garnier.*

On pourrait diviser en trois, pour l'étudier en détail,
le portail de Saint-Vulfran : le pignon ou frontispice de
la nef et les deux grosses tours qui flanquent ce pignon.
Ces trois parties sont couvertes de niches en relief et de
statues que nous examinerons rapidement.

Les plus grandes de ces niches abritent douze saints
gigantesques, debout, deux par deux, éternelles sen-
tinelles, aux angles des piliers de chaque côté des trois
porches ouverts dans les trois parties du portail. Ce sont
ces statues qui ont excité, à tort selon nous, le mé-
contentement des antiquaires trop amis de l'art de
vérifier les dates. M. Raymond en veut au saint Fiacre
« travesti en grand seigneur, » et surtout aux douze
saints de haute stature « surchargés, dit-il, d'ornements,
chamarrés de broderies avec force perles et pierres
précieuses. A l'aspect de cette bigarrure, de ce luxe
plus capable d'étourdir que d'attacher, « on reconnaît,
poursuit-il, le temps auquel non-seulement l'art de cos-
tumer les personnages selon leur rang et leur siècle était
ignoré parmi les comiques, les peintres et les sculpteurs,
mais encore où le clinquant était recherché avec affecta-

tion, même dans les compositions des orateurs chrétiens, toutes hérissées de grec et de latin et remplies d'une érudition assommante par ses richesses empruntées de Moïse et d'Homère, de Virgile et de saint Mathieu, de saint Ambroise et de Sophocle étonnés de se trouver à la même compagnie. C'est l'instant où, sans être nuit, il ne fait pas encore jour. Cependant on entrevoit déjà les premiers rayons de l'aurore des beaux-arts. » M. Raymond, pour un universitaire ou parce qu'universitaire, parle bien lestement de Moïse, d'Homère, de Virgile, de saint Mathieu et de Sophocle.

Mais si ces saints ne vous donnent pas l'esprit de leur temps, ils vous donnent, ce qui vaut autant pour l'histoire et l'art, l'esprit du temps qui les sculpta.

M. Garnier, d'ailleurs, adresse aux saints du portique le même reproche ; il reprend les broderies et les colliers et ce goût du xvie siècle qui, « confondant les temps et les lieux, chargeait les statues des ornements les plus en contraste avec leur caractère. »

Suivant M. Gilbert (qui répète le *Mémorial d'Abbeville* du 8 mars 1828), ces saints auraient été donnés par plusieurs des corporations d'Abbeville et par les autres ' paroisses : la sainte Vierge par les épiciers, les merciers et autres corporations réunies sous le même patronage ; saint Eustache par les marchands de drap ; saint Pierre par les tondeurs de drap ; saint André par les bouchers ; saint Éloi par les orfèvres ; saint Firmin par les tonneliers ; sainte Marie-Magdeleine par les marchands de vin, etc. ; — saint Paul, saint Jean et saint Jacques, etc., par les paroisses de ce nom. Suivant M. Gilbert, les statues et les autres sculptures du portail n'auraient coûté que 620 livres.

La façade de Saint-Vulfran a près de 80 pieds de largeur dans sa base.

Les trois portiques sont pratiqués sous de profondes voussures en ogive et surmontés de frontons évidés.

PORCHE DU MILIEU. — Ce portique fut décoré, suivant M. Gilbert, aux frais de Louis XII, dont l'écusson sculpté dans le fronton aigu fut gratté pendant la Révolution.

Les statues de ce portique sont disposées ainsi (1) :

A droite du porche (2) : 1° sur l'avant-corps de l'éperon, SAINT PIERRE ; les clefs qu'il tient, son nom SANCTUS PETRUS en lettres gothiques sur le bord de son manteau, le désignent sans conteste. Au devant du socle, une paire de forces ou ciseaux « dont on ignore la signification ; » et sur ce socle, deux sujets : saint Pierre à la porte de Jérusalem et saint Pierre sur le point d'être mis en croix. — 2° Près de saint Pierre, SAINT JEAN apôtre. 3° Plus loin et près de la porte, deux autres statues moins grandes représentant SAINT ÉLOI et SAINT NICOLAS. M. Gilbert fait remarquer que ces trois derniers saints étaient les patrons de trois paroisses de la ville.

A gauche du porche (3) : 1° SAINT PAUL faisant face au saint Pierre de droite ; suivant M. Gilbert, saint Paul « patron des vanniers et des cordiers » représentait,

(1) Je suis et j'abrége M. Gilbert, à qui il faut recourir. Les curieux devront toujours remarquer, en étudiant Saint-Vulfran, les petites figures grotesques qui ornent les consoles sous les pieds des saints, et remarquer aussi les dais de style arabesque au-dessus des têtes.

(2) Autrement dit à gauche du spectateur qui contemplera le portail.

(3) A droite du spectateur, etc.

sur la façade de Saint-Vulfran, la paroisse de Saint-Paul. 2º dans le second compartiment, à droite de saint Paul, un LION revêtu d'un manteau royal couvert de fleurs-de-lis grattées à la Révolution; ce lion portant les emblèmes de la monarchie française serait, suivant M. Gilbert, le symbole de l'alliance des deux royaumes par le mariage de Louis XII et de Marie d'Angleterre. M. Dusevel, sans nier complètement ce que cette opinion présente de plausible, est d'un autre avis: ce lion, pense-t-il (1), qui, outre le manteau de fleurs-de-lis, présente encore pour insigne entre ses pattes de devant un grand écusson et une bannière (des fleurs-de-lis encore, a-t-on supposé), « peut avoir été tout aussi bien placé en cet endroit, en mémoire de la souveraineté que les princes anglais exercèrent pendant longtemps à Abbeville. Ce qui vient, dit-il, à l'appui de notre opinion, c'est qu'il existait ainsi, à la cathédrale de Limoges et dans d'autres endroits du Limosin, des lions en pierre qu'on croyait être également des emblèmes de la souveraineté des rois d'Angleterre sur l'Aquitaine et les provinces voisines (2). Peut-être, aussi, le lion de Saint-Vulfran est-il destiné à rappeler l'ancien usage qu'avaient les juges ecclésiastiques de rendre leurs sentences *inter leones*, entre des lions qu'on voyait aux portes de certaines églises (3). »
— 3º SAINT GERMAIN l'Écossais tenant sous ses pieds un

(1) Lettre au président de la Société d'Émulation d'Abbeville. *Mém. de la Soc.*, années 1849-1852.

(2) *Description des monuments des différents âges*, observés dans le département de la Haute-Vienne, par C. N. Allou. In-4º. Limoges, 1821. Page 225. — *Note de M. Dusevel.*

(3) Voy. Ducange, *Verbo assisa* et *assisia.*—*Note de M. Dusevel.*

monstre à six têtes, symbole du paganisme vaincu par
sa prédication; 4° SAINT FIRMIN, martyr: sur le socle,
un écusson présentant une futaille et divers outils de
tonneliers dont saint Firmin est le patron; à droite et à
gauche de l'écusson, deux petits bas-reliefs: le martyre
de saint Firmin et saint Firmin portant sa tête entre
ses mains.

« Les moulures des bandeaux de la voussure ogive et
des pieds-droits, dit M. Gilbert, sont décorées, sur leurs
filières, d'une guirlande ou ornement courant, composé
de pampre et de chardons, à la naissance desquels sont
des lézards, le tout formant des rinceaux. »

Deux des bandeaux de cette voussure sont décorés
de petits groupes, dont plusieurs, malheureusement mu-
tilés, représentent des actes de la vie du Christ. En ceux
qui restent on reconnaît, en commençant par la droite
du portique : *Jésus-Christ au milieu des docteurs; — Jésus
dépouillé de sa robe tirée au sort; — Apparition de Jésus
ressuscité;* — à gauche, sur le second bandeau en commençant par le bas : *Jésus-Christ couronné d'épines; —
conduit devant Pilate; — sacrifié à un voleur;* — sur le
premier bandeau à gauche de la porte : *Jésus-Christ
flagellé; — condamné par Pilate; — pendant la délibération
sur son supplice;* — sur le deuxième bandeau en commençant par le bas : *l'incrédulité de saint Thomas; —
Jésus-Christ et les pèlerins d'Emaüs.*

« Sur le trumeau central, entre les deux vanteaux de
la porte, » était autrefois un *Ecce homo* qui fut détruit
pendant la Révolution. C'est devant cet *Ecce homo* que,
le 6 septembre 1764, Joseph Le Roy de Valines s'age-
nouilla, un flambeau à la main, et prononça les paroles
de l'expiation, un instant avant de se coucher sur

l'échafaud où ses membres allaient être rompus (1). La place de l'*Ecce homo,* occupée pendant quelque temps par une statue de saint Vulfran, est vide maintenant. Ne serait-il pas désirable qu'on rétablît sur le trumeau désert une représentation du *Christ montré au peuple,* dans le style des autres saints du portail et par conséquent semblable, autant que possible, à celle qui a disparu?

« Le fond de l'arc ogive au-dessus de la porte,—dont nous parlerons plus loin,—est orné d'une rosace découpée servant d'encadrement à une croisée feinte. » —*M. Gilbert.*

Quant à l'arc d'ouverture du portique, il est, suivant la remarque de M. Gilbert, « festonné d'une dentelle découpée à jour. »

Au-dessus de ce porche, dans la plus haute partie de l'ogive qui le surmonte et plus haut que l'écusson de Louis XII, la sainte Trinité est sculptée dans la forme où on la représentait alors (sinon toujours, au moins fort souvent). Dieu le père, coiffé d'une tiare et assis sur un trône, tient devant lui la croix où son fils est attaché; le Saint-Esprit, sous la forme d'une colombe, paraît entre sa barbe et le haut de la croix.

Porche a droite du spectateur.—Suivons toujours, dans ce très-rapide coup-d'œil, l'examen succinct des statues en les numérotant dans l'ordre qui nous frappe tout d'abord : 1° La première à droite est celle de saint Jacques représentant une des paroisses de la ville; 2° sainte Marie-Magdeleine, patronne des marchands

(1) Voy. Saint-Valery et les cantons voisins, t. ii, au chapitre de Valines.

de vin, « donnée, dit M. Gilbert, par leur corporation et probablement par celle des boursiers, comme semble l'indiquer l'escarcelle ou bourse sculptée sur l'écusson » au devant du socle; 3° deux figures de la SAINTE VIERGE (suivant M. Gilbert), placées vis-à-vis l'une de l'autre. « On croit reconnaître, ajoute M. Gilbert, dans les deux petites figures qui accompagnent celle de la Vierge placée à droite (1), la vocation de sainte Catherine et sa renonciation à l'alliance qui lui était proposée. »

Au bas de l'autre figure représentant encore la Vierge — le sein nu et l'enfant Jésus dans les bras — on voit le martyre de sainte Catherine, et sur le socle une paire de balances et une escarcelle, attributs des épiciers et des merciers.

4° Dans le tympan au-dessus de la porte, un groupe représente l'ASSOMPTION DE LA VIERGE entre deux anges (2); au-dessous de ce groupe, un écusson reproduisant les attributs déjà désignés, « une escarcelle suspendue au fléau d'une paire de balances. »

5° « En dehors du portail, près de la statue de saint Jacques, » une autre figure représente un saint indésignable.

6° « Plus loin, au-dessus d'une des barraques qui enveloppent la base de la tour, » SAINT MAURICE « ou plutôt SAINT LOUIS, roi de France, » avec un casque, et près de lui, « un écusson semé de fleurs-de-lis sans nombre. » M. Gilbert pense que saint Louis étant au xvᵉ siècle le patron des sergents royaux de la sénéchaussée de Pon-

(1) A gauche du spectateur.
(2) Voir, pour tous ces détails, M. Gilbert à qui je ne me lasse pas d'emprunter.

thieu, cette statue a dû être un hommage de ce corps
de justice. Ce serait là, dans tous les cas, un saint Louis
bien barbu.

M. Dusevel conteste une des figures de la Vierge
indiquées ci-dessus (3° dans ce porche), celle qui porte
une croix au col et qui a été tour à tour prise pour
la statue de la Vierge et pour celle de la Charité.
M. Dusevel ne croit pas, en effet, que ce puisse être
la Vierge « qui n'a jamais été, dit-il, représentée avec
une croix au col. »

PORCHE A GAUCHE DU SPECTATEUR.—Ce portique fut
construit, dit-on, aux frais du cardinal d'Amboise.—
Gilbert.—Il ne reste plus des armes du cardinal, grattées
pendant la Révolution, que l'écusson au fronton.

Voici quelles sont les statues qui décorent ce portique :

1° « A droite, sur la saillie de l'éperon de la tour, »
SAINT ANDRÉ, apôtre, un livre sous le bras gauche, la
main droite sur la cuisse; au-dessous, un écusson présentant une tête de bœuf; — saint André était patron des
bouchers qui, probablement, firent don de cette statue.

2° Deux statues à gauche du spectateur, représentant
SAINT JEAN-BAPTISTE et SAINT THOMAS D'AQUIN, (saint
Jean patron d'une paroisse de la ville, saint Thomas
d'Aquin patron de la confrérie du Saint-Sacrement —
voir les figures du socle — et des *broutiers et porteurs* au
sacq); — *Gilbert* toujours.

3° « Plus loin, à la naissance de l'arc ogive et sur un pi-
lastre orné de moulures, un navire orné de cinq écussons
qui, non sculptés ou grattés, ne présentent aucune trace
de signes caractéristiques, mais que M. Gilbert pense avoir
été destinés à être ou avoir été ceux des professions qui

regardent la navigation, armateurs, capitaines, matelots, charpentiers, pêcheurs, réunis sous le même patronage. « Sur ce navire sont quatre personnages, dont deux luttent ensemble. » M. Gilbert ne donne aucune explication de ce sujet, si ce n'est la fréquence des querelles entre marins ; les deux autres personnages richement vêtus seraient, suivant cette interprétation, saint Georges et sainte Barbe, patrons des gens de mer.

M. Dusevel conteste encore cette interprétation, et de la description plus détaillée et de l'attitude des personnages, tire une explication légendaire qui, moins simple, ne se heurte cependant contre aucune invraisemblance ; il remarque d'abord la lutte des deux hommes qui se battent entre une femme et un adolescent, simples spectateurs de la lutte et assez richement vêtus ; « on a cru, poursuit-il (1), que les deux personnages qui se battent étaient des mariniers, et leur combat, l'image des querelles qui naissent fréquemment entr'eux. Quant aux deux autres, on a dit qu'ils paraissaient représenter *saint Georges* et *sainte Barbe*, patrons des mariniers ; mais on n'aperçoit aucun des symboles ou attributs caractéristiques de ces deux saints. Je pense, comme de savants archéologues de la capitale, que l'on doit plutôt voir dans ce groupe curieux, la première scène ou partie de la légende si dramatique, si émouvante de *saint Eustache.*

« Une ancienne *Vie des Saints* la raconte en ces termes :
« Eustache s'étant acheminé de nuict vers l'Égypte,
« pour y demeurer, il arriva à un port où il y avoit un
« vaisseau prest à faire voile, dans lequel il monta :

(1) *Mémoires de la Société d'Émulation d'Abbeville.*

« le maître du navire jeta les yeux sur sa femme Téo-
« piste, qui estoit fort belle, et en fut si espris qu'il
« résolut de la ravir à son mary, ce qu'il fit sans
« qu'*Eustache* pust l'en empescher. » Les deux hommes
qui se battent représentent donc ce saint martyr et le
maître du navire se disputant la belle Téopiste qu'on
voit à droite de ces hommes ; l'adolescent placé à
gauche est évidemment un des enfants du pauvre
Eustache, car il ressemble à celui qu'un lion furieux
emporte et qui est représenté également dans une autre
scène de la légende du même saint, sculptée un peu
plus loin, au tympan du même porche. »

M. Dusevel ne s'arrête point d'ailleurs aux présomp-
tions qui peuvent naître des cinq écussons aux emblêmes
absents, et l'explication qu'il donne de la lutte sur le
navire n'excluerait en rien celle de M. Gilbert en ce qui
regarde les corporations donatrices rappelées par ces
écussons.

Il faut remarquer que le personnage de la poupe,
immobile comme la femme de la proue, est appuyé
contre un tonneau qui pourrait, selon le caprice des
interprétations, figurer les barriques du commerce ou
le tonneau de poudre de sainte Barbe.

Cet accessoire du bas-relief a fait penser à l'aventure
d'Adèle de Ponthieu, enfermée dans un tonneau avant
d'être jetée à la mer. L'homme immobile à la poupe
serait le comte (1); un des deux hommes luttant serait
un défenseur d'Adèle. Nous ne pensons pas qu'on puisse
s'arrêter longtemps sur cette hypothèse, le sujet roma-

(1) Rien ne semble bien indiquer l'âge de ce personnage que
M. Dusevel croit un adolescent.

nesque d'Adèle ne rencontrant aucun analogue dans les autres sculptures du portail.

Nous nous sommes permis de chercher nous-même une explication des quatre personnages énigmatiques et du navire chargé d'écussons ; un instant nous crûmes saisir le secret de notre sculpture dans une inspiration du livre de Sébastien Brant, — *la Nef des fous,* — œuvre de la fin du xvᵉ siècle comme notre édifice de Saint-Vulfran :

> Hommes mortels qui désirez savoir
> Comment on peut en ce monde bien vivre
> Et mal laisser, approchez, venez voir
> Et visiter ce présent joyeux livre.
> A tous présents bonne lecture il livre,
> Notant les maux et vices des mondains.
> Venez y tous et ne faictes dédains
> Dudit livre nommé des fols la nef ;
> Si vous voulez, vous en trouverez maints
> Au Pellican chez Geoffroy de Marnef (1).

Et dans le prologue du translateur :

« Ce monde n'est que une mer où de jour en jour vogons en peines et tribulacions et où se font en tous estats plusieurs maulx estranges, divers péchés et malefices par erreur, ignorance ou mauvestié dont les perpetrans d'iceux méritent d'être appelés fols. »

Et dans les vers même de la traduction :

> « Leurs habits sont si dissolus
> Qu'ils montrent presque leurs corps nus (2)
> Pour décevoir les pauvres filles
> Par leurs façons très inutiles. »

---

(1) Avertissement de l'imprimeur, 1497.— « Je doute fort que, malgré cette réclame, m'écrit M. Moland, Geoffroy de Marnef ait fait ses frais ; ce joyeux livre est d'une lecture insupportable. »

(2) Ce ne serait pas, il est vrai, le cas de nos personnages.

Les vanités mondaines pouvaient être figurées dans
notre bateau par les écussons qui chargent le bordage,
par les riches habillements des personnages; les passions, par la lutte jalouse des deux hommes sous les
yeux de la femme en grands atours de la proue, specta-
trice coquette et prix du combat; l'insouci du péril,
dans le personnage de la poupe, adossé contre un tonneau
et négligeant le gouvernail; l'imprévoyance de l'avenir,
la folie enfin, dans l'attitude de ces quatre personnages
occupés du moment sur une mer qui peut à chaque
instant les engloutir.

Peu sûr de ma compétence en ces matières, je con-
sultai, sur mon hypothèse explicative, M. Moland, un
savant, mais de l'esprit le plus dégagé et le meilleur qui
soit dans le monde des critiques et des littérateurs;
M. Moland accueillit l'explication avec la plus grande
défiance : « L'œuvre de Sébastien Brant, poète allemand
comme vous savez, m'écrivit-il, eut de la vogue dans
son pays, mais n'obtint pas en France de succès vrai-
ment populaire. Elle fut traduite cependant et en latin
et en vers français : nous avons la *Stultifera navis a
Jacobo Lochero,* etc., et la version française dont l'édition
est de l'an 1497. Cela ne constitue pas une popularité
bien grande, et je ne crois pas que l'ouvrage ait eu chez
nous d'autre public que celui des lettrés (1). »

Il n'est pas douteux, ajoutait M. Moland, qu'un
sculpteur ayant en vue l'allégorie de Sébastien, n'eût
donné à ses personnages le capuchon à grelots tradi-
tionnel, ainsi qu'on le trouve dans les *bois* décoratifs des
éditions de la *Nef des fous.*

---

(1) Je n'hésite pas à citer longuement M. Moland, membre
d'ailleurs de la société qui publie le présent travail.

« En dernier avis, disait M. Moland, l'allégorie de la
nef, de la barque symbolisant la vie humaine, est, depuis
la barque de saint Pierre et la barque de Salomon,
exploitée par tous les littérateurs, par les satiriques
comme par les sermonnaires. On a été très-loin sous ce
rapport au moyen-âge; il y a notamment la *Nef du nouveau Renart,* qui est du xive siècle, où l'allégorie est
détaillée sans miséricorde selon le goût du temps:

> Li fons est de male pensée,
> Et s'est de traïson bordée
> Et clauvée de vilennie,
> Et de honte très bien poïe;
> De trecerie en est le mat, etc.

« Le fond est de mauvaise pensée; de trahison elle
est bordée, elle est clouée de vilenies; de honte elle
est goudronnée; le mât est de tricherie. »

Mais ce modèle de nef n'est pas encore celui de notre
barque, et le drame des quatre personnages ne tirerait
aucune explication de rapprochements pénibles avec les
recherches métaphoriques de l'allégorie.

Pourquoi donc — et je reprends la pensée de M. Moland — vouloir absolument que le sculpteur de notre
portail se soit attaché à reproduire l'idée de quelque
monument littéraire particulier? L'image philosophique
et chrétienne, assez facile à expliquer, si l'on y tient,
par les vanités, par les passions, par la folie humaine,
n'a-t-elle pu être tout simplement inventée par l'artiste?
Les sculpteurs et les peintres du moyen-âge ont créé,
par eux-mêmes, des tableaux allégoriques bien plus
compliqués.

Nous renfermant, quant à nous, dans la sagesse de
cette conclusion, nous abandonnerons de nouveau notre
bas-relief aux discussions des savants.

4° « A l'angle nord-est de l'éperon de la tour, dans
une niche surmontée d'un dais, » SAINT FIACRE, « tenant
une bêche de la main droite, un livre fermé de la main
gauche. » Cette statue de saint Fiacre, « patron des
jardiniers ou hortillons, » fut donnée, suivant M. Gilbert,
par les jardiniers de la ville et des faubourgs.

5° « Au devant du tympan et au-dessus de la porte du
bas-côté, » SAINT EUSTACHE « auquel ce portail est consacré » et dont le costume de grand seigneur du XVIᵉ
siècle émeut, je ne sais pourquoi, tous les antiquaires.
L'écusson au-dessous de saint Eustache étale « une pièce
de drap à laquelle est suspendue une paire de chausses, »
saint Eustache étant le patron des marchands de drap
chaussetiers.

« Dans les contours des moulures de ce portail, dit
M. Gilbert, sont sculptés des ornemens courans, com-
posés de pampre et de chardons très-délicatement
découpés, avec des lésards au bas. »

Dans l'angle du fronton aigu qui surmonte ce portique,
on reconnait encore, quoiqu'il ait été gratté — aveugle
barbarie révolutionnaire qui ne distinguait rien entre
la noblesse des villes et la noblesse des personnes —
l'écusson aux armes de la ville. — Voir, dans M. Gilbert,
la somme payée à un peintre de la ville le 9 décembre
1504 pour avoir peint ces armes d'or et d'azur; *Comptes
des argentiers.* — M. Traullé nous fournira plus loin une
note sur le même propos.

LES PORTES. — Celle du portique central est fort belle;
« les deux vantaux, dit M. Gilbert, sont divisés en
deux ou trois compartiments, présentant une suite de
bas-reliefs disposés par encadrement dans des caissons. »

Les bas-reliefs du haut reproduisent des actes de la vie de Jésus-Christ et de la Vierge: *Entrevue de saint Joachim et de sainte Anne;* — *Naissance de la Vierge;* — *Sa présentation au temple;* — *l'Annonciation;* — *Naissance de Jésus;* — *la Circoncision.* — Au-dessus de la corniche, sont de petits génies à cheval et combattant. Ces différents sujets portent le caractère de la Renaissance.

Cette porte fut donnée, suppose-t-on, par un riche bourgeois d'Abbeville, Gilles d'Amourette, devenu maître de Notre-Dame du Puy.

Dans une plate-bande au-dessous des six bas-reliefs représentant la vie de la Vierge jusqu'à la Circoncision de Jésus, on lit deux fois, c'est-à-dire sur chaque vantail, le refrain du palinod d'Amourette, sculpté en lettres gothiques :

Vierge aux humains la porte damourestes.

Cette devise est répétée sur le revers des portes dans l'église, avec cette autre inscription qui donne la date :

IN VIRTUTE LABOR 1550.

Au milieu des vantaux, sous la plate-bande, sont taillées six figures en pied : saint Pierre, saint Paul et les quatre évangélistes.

Cette porte est de la première moitié du XVIe siècle; « plusieurs des bas-reliefs, dit M. Dusevel qui l'a examinée après M. Gilbert, offrent des particularités remarquables et fort intéressantes pour les personnes qui s'adonnent à des recherches sur l'iconographie chrétienne (1). » M. de Perthes possède les portraits, peints sur panneaux, de Gilles d'Amourette et de sa

(1) Lettre au président de la Société d'Émulation.

femme ; ces deux portraits, peints séparément avec des sujets en grisaille par derrière, ne paraissent pas présenter, soit ensemble, soit distinctement, un ou deux un de ces tableaux de Notre-Dame du Puy, qui décoraient les piliers de Saint-Vulfran, mais plutôt des portes votives d'autel ; les deux personnages, comme l'usage était pour l'œuvre du Puy, sont à genoux devant un prie-Dieu, et la devise : *Vierge aulx humains la porte d'Amourettes,* déroulée sur des banderolles dans la partie supérieure des deux tableaux, ne laisse, suivant la remarque de M. Dusevel, aucun doute sur l'identité de ces personnages et des donateurs des grandes portes de Saint-Vulfran.

PORTE DU PORTIQUE DE DROITE. — Les deux portes latérales sont d'une centaine d'année moins anciennes que la porte du centre. Gilbert dit que la façade du portique de droite fut donnée par M. Vincent, « qui y fit inscrire ces paroles du psaume 25, verset 8 :

DILEXI DECOREM DOMUS TUÆ
1644 »

Les armes de M. d'Hantecourt, sculptées sur bois, sont encore reconnaissables, quoique grattées, au haut de cette porte.

PORTE DU PORTIQUE DE GAUCHE. — On lit dans la partie centrale du panneau de cette porte donnée par M. Tillette, ce verset du *Livre des Rois,* chapitre 15, verset 35 :

EDIFICAVIT PORTAM DOMUS DOMINI.

GALERIE AU-DESSUS DES FRONTONS DES TROIS PORTIQUES.

M. Gilbert s'arrête un instant à contempler cette galerie « bordée d'une balustrade à jour formée d'entre-

lacs, » et la fenêtre « à compartiments et meneaux en
pierre qui occupe, au-dessus, le centre de la façade. »
Suivant M. Gilbert, la façade s'était arrêtée pendant
plusieurs années à cette galerie, et ce fut sur les ins-
tances de la ville que Louis XII donna au cardinal
l'ordre de la faire achever. M. Gilbert établit la justifi-
cation de ces faits par les différences de style entre le
bas et le haut de l'édifice. Quant à l'écusson qui occupe
le milieu de la rosace à meneaux, il offre, suivant lui,
les armes du donateur, capitaine de la milice bourgeoise, Deslaviers, « qui vivait en 1609 et devint conseiller du roi. »

GALERIE AU-DESSUS DE LA ROSACE A MENEAUX.

Cette galerie, bordée d'une balustrade à jour, fait
communiquer les deux tours.

Au-dessus de cette galerie, s'élève en pointe l'extrême
pignon de la nef, décoré de trois grandes statues, la
SAINTE VIERGE et, à sa droite et à sa gauche, mais un
peu plus bas, SAINT VULFRAN et SAINT NICOLAS. Une
croix en pierre sacre le point le plus haut de ce pignon.

LES TOURS.

Ces tours semblent, à l'œil, partir de la première
galerie — celle au-dessus des frontons des trois portiques. Elles sont « ouvertes sur chaque face » par
« deux fenêtres garnies d'abat-vents à double rang. » —
M. Gilbert (1).

_____

(1) Les larges et disgracieux abat-sons que vit encore M. Gilbert
ont été remplacés en 1859 par d'autres resserrés, comme il con-
vient, dans les fenêtres qui les enclavent.

Des plates-formes « couvertes en plomb et bordées d'une balustrade à jour beaucoup trop basse » les terminent.

Dans une description d'Abbeville de 1643, dont une copie manuscrite est chez M. Macqueron, il est dit que ces tours ont chacune quarante toises.

Le 18 messidor an vi, MM. Goret et Bellot mesurèrent, à l'aide d'un baromètre, la hauteur des tours de Saint-Vulfran (1) : « Nous nous sommes transportés, écrivait M. Bellot, à la tour de Saint-Vulfran dite tour du corneur. Il était quatre heures du soir ; le temps était calme et chaud. Nous nous étions munis d'un excellent baromètre, à l'effet de mesurer la hauteur de cette tour. Avant d'y monter, nous le fixâmes à la porte de la cour de la maison du corneur. Le mercure s'arrêta à 27 pouces 10 lignes 1/2. En ayant pris note, nous montâmes jusques dans la guérite même du corneur, au plafond de laquelle le baromètre fut fixé perpendiculairement. Le mercure s'arrêta à 27 pouces 8 lignes, c'est-à-dire 2 lignes 1/2 plus bas qu'il n'était au pied de la tour.

« D'après les recherches sur les variations de l'atmosphère, on peut estimer entre 73 et 75 pieds la hauteur perpendiculaire d'un lieu mesuré pour une ligne de mercure. Ainsi la tour de Saint-Vulfran est entre 187 à 188 pieds de hauteur. »

Cette observation, curieuse peut-être météorologiquement et que nous rapportons à ce titre, serait inutile

(1) Extrait d'un Mémoire sur les maladies régnantes et sur la topographie d'Abbeville, par le citoyen Bellot, lu à la Société d'Émulation le 12 thermidor an vi. M. Bellot était accompagné du citoyen Goret.

aujourd'hui ; on sait que les tours de Saint-Vulfran ont 160 pieds de haut.

Sur les plates-formes, aux deux angles les plus rapprochés par-devant, s'élèvent deux tourelles octogones. La gauche est celle du guetteur (1).

Remarquons seulement que des deux petites tourelles qui couronnent les deux grandes tours de l'église, une seule, à l'époque où fut gravé le plan de Robert Cordier, était coiffée de son toit en éteignoir et surmontée d'une girouette.

Dans la tour du guetteur ou de l'est, sont les cloches dont nous ferons plus loin l'histoire.

Dans la tour de droite était, ou est, une horloge. M. Gilbert prétend que cette horloge fut placée en décembre 1688 ; les mss. de M. Siffait nous donneraient une date un peu moins ancienne (1695 ou environ). Vers cette année, voit-on dans ces mss., MM. du chapitre de Saint-Vulfran voulurent avoir une horloge que l'on entendît de toute la ville, et pour cela ils firent mettre en fonte trois timbres dont le plus gros pèse trois cents livres (2). Ces timbres furent coulés dans le cimetière. Le gros, quoique non venu au ton désiré, fut néanmoins reçu. Les chanoines placèrent les trois timbres au haut d'une des plates-formes au-dessus de la petite

(1) A quelle date fut d'abord établi ce guetteur dans le clocher de Saint-Vulfran ? Les *Comptes des argentiers* le montrent à ce poste dès la première partie du xve siècle.—Voir M. Louandre, *Hist. d'Abbev.*, t. i, p. 301 et 364.—Le guêt de Saint-Vulfran date de bien plus loin sans doute encore.

(2) Je ne change qu'un mot çà et là dans le texte des mss. pour la correction ou pour l'abréviation.

tour pareille à celle du guetteur de nuit; ils firent ensuite couvrir cette plate-forme comme l'autre. « Auparavant elle n'étoit pas couverte et étoit comme la représentation cy après. » —(Suit un dessin qu'on peut rechercher dans les mss. de M. Siffait).

Avant l'apposition de ces trois timbres, MM. du chapitre avaient seulement une petite cloche qui, sonnant sous le marteau les heures dans l'église même, était placée dans le jubé; cette cloche fut depuis placée près des orgues. Dans le même temps, les chanoines firent faire un grand cadran qui devait marquer les heures au-dessus de leur orgue; « mais les ressorts de l'horloge ne se sont pas trouvés assez forts pour faire marcher l'aiguille, et le cadran est resté imparfait. » — *Mss. de M. Siffait.*

La duchesse de Berry, passant par Abbeville (1824), monta sur les tours après avoir visité l'église.

Nous parlerons plus loin de la tour Saint-Firmin, qui est à l'extrémité du bas-côté gauche de la nef.

Rappelons, avant de quitter la façade, que le petit mur du parvis, abattu en 1859, fut remplacé à cette date par trois marches qui attendent (1860), pour être régulières, l'abaissement projeté du Pont-aux-Brouettes. Ce parvis, avec le vieux mur, avait été réparé en 1807 (1).

---

(1) Le 13 septembre 1806, l'administration municipale d'Abbeville transmettait au sous-préfet le plan proposé par la fabrique de Saint-Vulfran pour la reconstruction du parvis.— *Registre aux correspondances de la mairie d'Abbeville.*

II.

HISTOIRE JUSQU'EN 1540. [1]

Et maintenant que nous nous sommes, comme M. Raymond, comme M. Garnier, comme M. Gilbert, comme
M. Dusevel, comme les cent peintres, dessinateurs et
graveurs qui ont représenté sous différents aspects le
premier des monuments d'Abbeville, longuement arrêtés
à contempler la façade, les saints sculptés, les galeries,
les tours de la collégiale reine de notre cité, un mot
de l'histoire antique de l'édifice, du lieu primitivement
sacré, avant d'entrer sous les voûtes modernes de l'é-
glise commencée en 1488.

Aussi haut que l'on s'efforce de remonter dans les
souvenirs conservés par l'écriture, — la tradition se tait
à ces distances, — on ne peut aller, en ce qui regarde le
lieu où s'élève Saint-Vulfran, au delà de la seconde
moitié du xɪᵉ siècle. En ce temps, et depuis de longues
années déjà peut-être, deux chapelles ou plutôt une
seule chapelle dédiée à deux saints, — les évêques Nicolas
et Firmin, — s'ouvrait aux dévotions des habitants non
encore affranchis d'Abbeville. Des deux patrons de l'é-
difice d'alors, l'un, saint Firmin, a toujours conservé
dans l'église qui fut bâtie plus tard une chapelle et une
tour sacrées de son nom; l'autre une chapelle érigée, ou
plus justement maintenue en paroisse, et qui conserva
ce titre jusqu'à la Révolution, l'huissière brutale de
toutes les églises.

En 1058, première date où soit nommée cette cha-

---

(1) Date adoptée par nous, parce qu'un plan des mss. de
M. Siffait nous donne l'état de l'église à cette époque précise.

pelle, le corps de saint Vulfran y est transporté de l'abbaye de Fontenelle par le comte Guillaume Talvas.

Vers cette même date et à cette occasion peut-être, le même comte fit rebâtir, sur des fondations plus vastes sans doute, la chapelle de Saint-Nicolas et de Saint-Firmin, et la dédia à saint Vulfran dont les reliques devaient être désormais pour notre ville ce qu'étaient celles de saint Riquier pour Centule, la vénération des fidèles, une protection supérieure et visible comme celle des dieux antiques dans les Ilions et dans les Capitoles.

La reconstruction du passé offre un incroyable attrait, un attrait plus grand peut-être que la pénétration de l'avenir ; c'est notre patrimoine à tous ; il nous appartient comme aux représentants, aux continuateurs des générations dont il fut la vie. L'humanité traînera éternellement ce domaine des souvenirs, sa richesse, sa noblesse, son trésor, qu'éternellement, et hors de ce monde même, aimeront, vénèreront, augmenteront les générations transfigurées. L'avenir, je parle de celui que nous devons matériellement préparer à nos descendants par les édifices, les constructions, les lois, ne regarde que nos descendants, ne servira que l'humanité terrestre et ne tombera dans le trésor de *l'humanité* ultrà mondaine pourrait-on dire, que lorsqu'il sera devenu à son tour le passé et entrera dans la chaîne d'amour faite de la reconnaissance des fils envers les pères autant que de la prévoyance paternelle des ancêtres.

Arrêtons-nous donc quelque peu devant la ville évoquée du xiᵉ siècle.

Si l'on en juge par la couverture que Guillaume donna à la nouvelle église, un toit de chaume, Abbeville devait présenter alors l'aspect d'un de ces grands villages du

Vimeu dont la paille émerveillait encore nos yeux d'enfant, mais d'un village que la volonté du propriétaire féodal tout-puissant ou la peur du danger aurait resserré, maison contre maison, ruelles coupant les ruelles, le pignon affrontant le pignon, dans une étroite enceinte de murs.

L'histoire de Saint-Vulfran, après la fondation par Guillaume et dans les siècles qui suivent, n'est plus que celle des donations qui lui furent faites. Il paraîtrait, par un titre de 1152, que l'église de Saint-Vulfran fut, en partie du moins, une concession du prieuré de Saint-Pierre: « 1152 — charte transcrite sur le livre noir par laquelle les chanoines de Saint-Vulfran, parce que les révérends pères leur avaient concédé l'église de Saint-Vulfran ou le terrain, leur donnent deux prébendes, en présence de Jean, comte de Ponthieu, et de Ada, sa mère. » — *Note des papiers de M. Traullé.*

C'est aux comtes et aux comtesses de Ponthieu cependant que la fabrique de Saint-Vulfran dut la plus grande partie de ses richesses: Guillaume de Talvas fonda, vers 1110, douze chapellenies; Jean Ier, en 1124, vingt prébendes ; Jean II, en 1138, en fonda six autres, et Guillaume III, en 1205, donna de grands biens ; — ce fut lui, suivant M. Gilbert, qui fonda à cette date six dernières prébendes, ce qui ferait en tout trente-deux prébendes (1). — Marie, fille de Guillaume III, suivit l'exemple de son père en 1247, et Jeanne, reine de Castille et de Léon, ajouta encore des bois aux donations de sa famille (2).

(1) Erreur; il n'y eut jamais que vingt-six prébendes.

(2) Tous ces points et toutes ces dates sont établis par les

En raison de ces dons, mais plus encore en raison du titre concédé par les rois et des priviléges accordés par les papes, on appelle partout Saint-Vulfran l'église royale et collégiale.

L'église de Guillaume Talvas, suivant M. Gilbert, fut démolie en 1346; une autre la remplaça jusqu'à 1488. Nous tirons, en effet, cette note laconique des manuscrits de Dom Grenier: « 1363, fondation de Saint-Vulfran d'Abbeville par les rois d'Angleterre, comtes de Ponthieu. » — *Paquet xvi, n° 10.* — La construction de 1363 est celle dont le souvenir, vaguement resté dans le pays, fait croire et dire encore à beaucoup de personnes que notre église plus jeune a été bâtie par les Anglais.

L'église de 1363 — la seconde depuis la chapelle de Saint-Nicolas et de Saint-Firmin — occupait la place du chœur actuel et tomba promptement en vétusté. Elle fut donc trouvée insuffisante vers 1488, mais il est probable qu'on la laissa subsister, pour le service divin et pour l'abri des reliques, jusqu'à l'édification et la consécration de la nef nouvelle. M. Gilbert, qui fait cette remarque, la justifie par la procession inaugurative de 1531.

La première pierre de cette troisième église de Saint-Vulfran fut posée le 7 juin 1488 par le maïeur Postel au nom des comtes, de la ville et du roi, et par le doyen au nom du chapitre. — Voir *M. Gilbert, p.* 184, et le *Compte des argentiers* qu'il cite à cette occasion.

lettres même des comtes de Ponthieu, que reproduit *in extenso* le P. Ignace. — *Hist. ecclés. d'Abbeville, p.* 85-92. — Je n'ai invoqué plus haut le témoignage postérieur et bien moins irréfragable de M. Gilbert, que pour ne pas sortir de mes habitudes de reconnaissance avouée envers les devanciers dont les travaux m'ont aidé.

Deux processions générales entraînèrent dans les rues, le 8 et le 9 juin 1488, la population d'Abbeville. L'échevinage dépensa 47 livres (s'agit-il du prix ou du poids?) de cire « pour torches portées le jour (un des jours ci-dessus indiqués sans doute) qu'on mit les premières pierres de la fondation de nouveau faite » pour la construction des clochers, des « portaux » et de la devanture de l'église collégiale de Saint-Vulfran, « esquelles processions fut porté le saint Sacrement. »

La ville donna 10 livres à l'église le jour où l'on commença les travaux ; tous les notables de la ville, appelés et invités à la solennité, « firent de grands dons. » — *Notes de M. Traullé*, extraites, je crois, des *mss. de l'abbé Buteux* (1).

Dans plusieurs des années qui suivirent, de 1489 à 1504 inclusivement, la ville donna, pour aider aux travaux, une somme qui varia de 20 livres à 100 livres :

1489, 50 livres « pour la bâtisse. »

1490, 20 livres pour le portail.

1494, 50 livres (probablement pour le portail encore).

1501, 100 livres pour le portail toujours.

1504, 50 livres pour la grande belle « représentation » et édification de l'église. La même année, Jean Riquier, peintre, peint le blason de la ville au portail.—*Extrait, par M. Traullé, des mss. Buteux,* selon ce que je crois : « la somme de 40 solz pour sa paine et sallaire de avoir paint d'or et d'azur ung escu de pierre des armes

(1) Voyez, dans l'*Histoire d'Abbeville* de M. Louandre, t. II, p. 476, la supplique du chapitre aux magistrats municipaux de 1488, aux fins d'obtenir de l'échevinage des secours d'argent pour la nouvelle édification.

et blason d'icelle ville, lequel est mis et posé au-dessus de l'ung des portaulx... »

Louis XII, sollicité vers ce temps en qualité de comte de Ponthieu, ne donna que des secours pour achever l'œuvre commencée par la piété des populations. Nous dirons plus loin en quoi ce prince et le cardinal d'Amboise contribuèrent aux décorations du portail.

On croit que les matériaux de l'église vinrent des monts de Caubert, de Croissy, de Beauvais et de Pont-Remy.

1531. — Translation, avec procession générale, des reliques de saint Vulfran et des autres saints de l'ancienne église dans la nouvelle; on les dépose dans la chapelle dédiée à Notre-Dame. — *Gilbert.*

1534, 9 mars. — Le chapitre décide que la nef sera au plus tôt mise en état pour le service divin.

En 1539, les travaux sont interrompus; la nef seule est finie à cette date, ainsi que les bas-côtés qui en dépendent. On ferme cette nef et ces bas-côtés par un simple mur allant de la croisée à la tour de Saint-Firmin, et on dispose intérieurement ce tronçon d'église pour la célébration du culte. (Voir le plan de Saint-Vulfran en 1540, plan A).

En dehors de la partie terminée, les murs seuls s'élevaient de quelques pieds au-dessus des fondations, ainsi que les piliers qui sont restés tronqués dans leur forme à une certaine hauteur, malgré les constructions qui sont venues plus tard les exhausser et s'appuyer sur eux. — Comparez les plans A et B, et voyez les piliers dans l'église même.

Entrons maintenant dans Saint-Vulfran, visitons en détail la nef, le chœur et les chapelles, et nous revien-

Plan A.

Chapitre Cimetière.

2

1

3

6

9

7

10

8

11

3 4

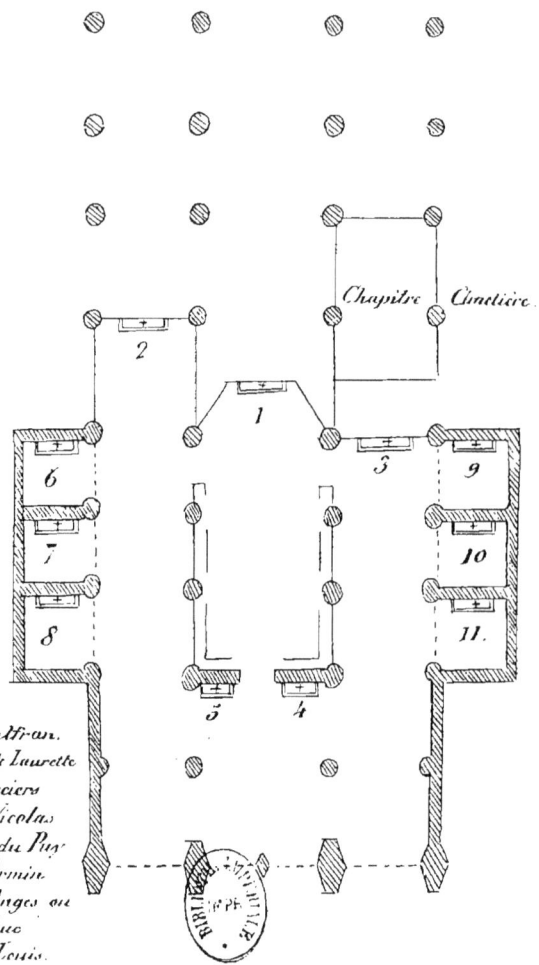

1. Autel de S.ᵗ Vulfran.
2. id de N.D de Laurette
3. id des Merciers
4. id de S.ᵗ Nicolas
5. id de N.D. du Puy
6. id de S.ᵗ Firmin
7. id des S.ᵗˢ Anges ou
           de S.ᵗ Luc
8. id de S.ᵗ Louis
9. id de S.ᵗ Jean Baptiste
10. id de S.ᵗ Yves
11. id de S.ᵗ Quiriace
12. Le Chœur

Plan B.

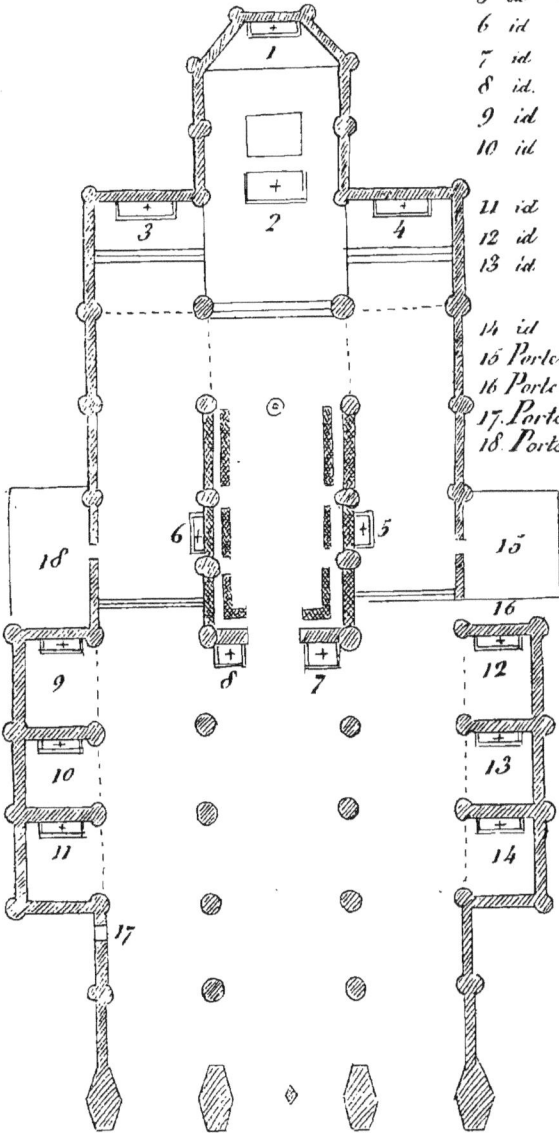

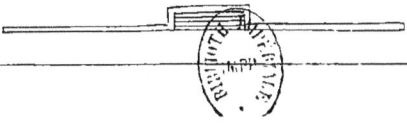

drons plus loin à l'histoire que nous n'abandonnerons
pas d'ailleurs complètement dans nos descriptions.

III.

INTÉRIEUR DE L'ÉGLISE.

L'église de Saint-Vulfran se compose intérieurement
1° d'une nef et de deux bas-côtés — c'est la partie la
plus ancienne de l'église avec le portail; — 2° d'un chœur
et de deux bas-côtés encore.

En 1540, suivant un plan que j'ai sous les yeux,—tiré
des mss. de M. Siffait, — la nef seule et les bas-côtés de
la nef étaient terminés; le grand autel était appliqué à
la place de la grille qui sépare actuellement la nef du
chœur; une sorte de chœur avait été ménagé au milieu
de la nef, compris entre les piliers et occupant en longueur l'espace de trois de ces piliers à partir du second
pilier. Onze chapelles ou plutôt onze autels, y compris
le grand autel, trouvaient cependant place dans cette
église interrompue. Les six chapelles latérales de la nef
existaient comme aujourd'hui (SAINT-FIRMIN, SAINT-LUC,
SAINT-LOUIS, SAINT-JEAN-BAPTISTE, SAINT-YVES, SAINT-
QUIRIACE); deux autres autels étaient à l'entrée du chœur
situé comme nous l'avons dit: celui de gauche était de
NOTRE-DAME DU PUY; celui de droite de SAINT-NICOLAS.
De chaque côté du grand autel, dans le fond, un autel
(probablement appelé déjà de NOTRE-DAME DE LAURETTE)
était abrité dans une chapelle pratiquée dans le bas-côté
gauche futur du chœur actuel; enfin à droite du grand
autel (toujours en considérant cette droite comme celle
du spectateur), un autel, qui était probablement aussi

déjà celui des MERCIERS (1), était appliqué contre le mur qui joignait les deux piliers qui forment aujourd'hui l'entrée du bas-côté droit du chœur actuel (2). Le bâtiment dit le Chapitre et où se tenaient les réunions des chanoines, occupait, sur le cimetière, presque tout l'intervalle compris entre les trois premiers piliers de ce bas-côté droit du chœur (3); une porte le faisait communiquer avec le bas-côté droit de la nef par un passage ménagé contre l'autel des merciers. (Voyez le plan A).

Voyez, pour le nombre et la dédicace des chapelles de Saint-Vulfran et l'origine des richesses de sa fabrique, l'*Hist. ecclés. d'Abb.* du P. Ignace, p. 80-84.

Lorsque le chœur actuel fut construit, en 1663, l'église de Saint-Vulfran compta quatorze autels, y compris le principal, six dans le chœur ou les bas-côtés du chœur et huit dans la nef ou les bas-côtés. Ils sont indiqués sur

(1) C'était la désignation vulgaire et qui traversa des siècles.

(2) Lorsque le P. Ignace composa l'*Hist. ecclésastique d'Abbeville* imprimée en 1646, il dit qu'il y avait pour lors treize autels : 1° l'autel de Saint-Vulfran; 2° l'autel de Notre-Dame de Laurette; 3° de Notre-Dame des merciers; 4° l'autel du Puy (d'amour de Dieu), celui qui était pour lors au côté de la porte du chœur au bas du Christ, et 5° de l'autre côté, celui de la paroisse de Saint-Nicolas; ils sont encore aujourd'hui aux mêmes places; 6° la chapelle de Notre-Dame de Pitié ou des Cinq Plaies; 7° la chapelle des Anges; 8° la chapelle de Saint-Jean-Baptiste; 9° la chapelle de Saint-Firmin; 10° la chapelle de Saint-Quiriace; 11° la chapelle de Saint-Louis; 12° la chapelle de Saint-Yves; 13° la chapelle de Sainte-Geneviève, patronne de Paris.—*Mss. Siffait.*

(3) Ainsi que nous voyons ces piliers aujourd'hui, le chœur actuel ni les bas-côtés n'existant encore, il faut toujours s'en souvenir.

le plan ci-joint, tiré des mss. de M. Siffait, et qui représente l'église telle qu'elle était dans la seconde moitié
du xviiie siècle; nous les retrouverons et les nommerons
en parcourant séparément chaque partie de l'église.

Les mss. de M. Siffait donnent à l'église de Saint-
Vulfran pour longueur, depuis la principale porte jusques
au mur derrière l'autel de la châsse de saint Vulfran,
213 pieds 6 pouces, savoir : depuis la grande porte jusqu'à la porte du chœur, 91 pieds 6 pouces; de là jusqu'à
la hauteur des bas-côtés du chœur, 86 pieds 6 pouces; et
de là enfin jusque derrière l'autel de la châsse, 35 pieds
6 pouces. Autres mesures données par les mêmes manuscrits : largeur de la nef, 28 pieds 3 pouces; largeur
des bas-côtés, 21 pieds 10 pouces. De la grille d'une
chapelle à l'autre grille de chapelle, ce qui fait la largeur
de l'église, 72 pieds; profondeur des chapelles, 12 pieds
6 pouces; de la muraille du parvis au pilier du portail,
9 pieds; et de là à la porte, 12 pieds.

La longueur intérieure de l'église est de 120 pieds,
depuis la porte d'entrée jusqu'au fond du chœur,
c'est-à-dire 92 pieds pour la nef et 118 pieds pour le
chœur. La largeur du mur d'une chapelle à l'autre est
de 96 pieds. La hauteur des maîtresses voûtes, oubliée
par les mss. Siffait, nous est donnée par M. Gilbert:
voûte correspondant à la seconde travée, 95 pieds 2
pouces; voûte de la quatrième travée, 92 pieds 9 pouces.

IV.

LA NEF.

La nef est la suite du porche central.

Les clefs des maîtresses voûtes présentent les écussons

du roi Louis XII, d'Anne de Bretagne, de François Ier, du dauphin son fils Henri, du comte Ponthieu, etc.

La nef ayant été terminée — en 1534 probablement (1) — on ferma le fond du côté du chœur actuel par un grand mur, et la boiserie des stalles, exécutée en 1539, fut adossée aux travées latérales. — *M. Gilbert* et les *Mss. Siffait.* — « Ces stalles coûtèrent 238 livres. » *M. Gilbert.*

La nef construite, c'est-à-dire les murs et les piliers debout, rien n'était fini en effet.

En 1536 fut faite la tribune en l'église du grand Saint-Vulfran, laquelle a coûté 68 livres. Le pavé de cette église coûta 6 livres 5 sols le cent. — Extrait de l'*Histoire du Ponthieu,* par Hermant.

En 1539, le 8 février, furent placées en Saint-Vulfran les chaires des chanoines et des chapelains. Elles coûtèrent 288 livres, y compris les ferrures et peintures des dites chaires. — Extrait de l'*Histoire du Ponthieu,* par Hermant.

En 1554, le buffet est fait aux frais du chapitre; la même année, l'aigle en cuivre servant de lutrin est fondu aux frais du chapitre également.

1714. — Dans ce temps, furent faites des orgues neuves pour en remplacer d'autres bien antiques. — *Mss. de M. Siffait.* — Ces orgues antiques étaient celles de 1554.

Dans le même temps, les tableaux, bien regrettables aujourd'hui, de Notre-Dame du Puy remplissaient encore tout le bas de l'église.

_____

(1) La date M. D. inscrite, suivant M. Raymond, sur le mur septentrional de la nef, n'existe plus; elle a probablement disparu sous le badigeonnage.

AUTEL DE NOTRE-DAME DU PUY.

Cet autel, qui n'existe plus depuis longtemps, occupa deux places dans la nef actuelle. En 1540, dans la distribution rappelée par le plan A, l'autel du Puy était appuyé sur le second pilier gauche de la nef; plus tard, et lorsque le chœur bâti par les chanoines permit de laisser la nef à sa destination première, l'autel du Puy fut reporté à la même hauteur que celui de Saint-Nicolas, contre le cinquième pilier, à la fois le dernier de la nef et le premier du chœur. Cet autel était fermé peut-être par les deux petites portes de Gilles d'Amourette mentionnées plus haut et que possède M. de Perthes. Combien est à regretter maintenant, pour la fortune de notre musée et pour l'histoire artistique et littéraire de la ville, la perte des tableaux votifs de la confrérie du Puy et des chants royaux des maîtres! Deux de ces tableaux seulement sont au musée communal: l'un, donné par la famille d'Aoust, est une allégorie de l'été et de la moisson; l'autre représente un paradis surnaturel avec cette légende: *Beau jardin clos qui de beaux fruits regorgue.* MM. Breuil et Rigollot ont donné quelques très-heureuses indications sur notre confrérie dite de la Conception, dans leurs mémoires sur le Puy d'Amiens. Avant eux, M. Louandre avait recueilli de très-intéressants témoignages sur les jeux littéraires d'Abbeville, sacrés ou profanes (1). C'est lui encore qui me donne, pour augmenter la somme des renseignements, les indications ci-dessous notées (2).

(1) *Hist. d'Abbeville*, t. I, p. 309.

(2) En 1576, Philippe Le Bel, bourgeois marchand de cette ville, fut élu bâtonnier de la confrérie de la Conception de la

En 1726, le doyen et le chapitre décidèrent l'enlèvement des *épitaphes* (les mss. de M. Siffait nomment ainsi
les tableaux) qui faisaient, tant de la nef que des bas-
côtés et des chapelles de cette nef, les pages d'un musée
et les tables du nobiliaire bourgeois d'Abbeville. Laissons parler les manuscrits : « Les pilliers principalement
en étoient tous garnis et bien haut de 7 pieds; il y avoit
à chacun de ces piliers un tableau représentant la sainte
Vierge ou autres, au bas duquel étoient le défunt, sa
femme et ses enfants, à genoux et vêtus en noir; au
bas d'aucuns y avoient leurs noms et leurs qualités;
à d'autres cette écriture étoit ôtée. Aux côtés et au
haut du tableau, il y avoit une sculpture en bois doré
qui étoit encore fort propre; le tout étoit soutenu par
un pilier de fer ou deux plantés sur le pavé. Ces
épitaphes furent rendues à ceux qui les ont réclamées
et qui ont prouvé être parents des défunts y dénommés.

Vierge, érigée en l'église Saint-Vulfran. Il fit don à cette confrérie d'un bâton en argent fin, du poids de 5 marcs 2 onces 1/2,
qui dut être porté dorénavant, au lieu de bannière, par les
serviteurs de la confrérie.

En 1584, Jehan Le Bel le jeune, bourgeois marchand, fut nommé
bâtonnier. Les prévôts étaient M^{res} Claude Fran, chapelain en
Saint-Vulfran; Jehan Griffon; Antoine Gaillard, aussi marchand de
cette ville; et M. François Rumet, sieur de Beaucauroy, qui refusa.

Le palinod ou refrain de Jehan Le Bel à la Vierge était :

Le Bel enclos de la manne sacrée.

Le même Le Bel donna à la confrérie 100 sous de rente pour
être employés, savoir: 30 sous au chapelain d'icelle pour dire
chaque samedi de l'an et aux fêtes de la Vierge un *De profundis*
et jeter de l'eau bénite aux confrères et assistants après la messe,
et 20 sous au serviteur pour porter le bénitier de cuivre, le sur-
plus pour subvenir aux affaires de la confrérie.

Ensuite la nef et les bas-côtés et chapelles de la dite nef furent repavés à neuf. »

A la même date encore, une fresque, sinon plusieurs, décorait les mêmes murs :

« Quarante ans avant 1769, (en 1729), et avant que l'on eut regratté les murailles de la nef, on voyoit en cet endroit, peint au pinceau, un grand *Saint-Christophe* qui, avec l'enfant Jésus et son grand bâton, occupoit toute l'arcade de la muraille en cet endroit. » — *Mss. de M. Siffait* à la date 1769.

Une statue de saint Pierre occupe le pilier de l'ancien autel de la Conception du Puy.

AUTEL *ou* CHAPELLE DE SAINT-NICOLAS.

Cette chapelle ou plutôt cet autel, appuyé contre le pilier de droite, le dernier de la nef et le premier du chœur, méritait une attention toute particulière. Érigée en paroisse, cette chapelle, comme l'appelle le P. Ignace, avait pour curé un des chanoines du chapitre.

L'autel de Saint-Nicolas était, comme celui de Notre-Dame du Puy, remonté de trois piliers après la construction du chœur actuel. — Comparez les plans A et B.

Une certaine circonscription du quartier Saint-Vulfran était attribuée à la paroisse Saint-Nicolas.

Les curés de Saint-Nicolas célébraient, devant leur autel, les services funèbres des morts de leur paroisse.

De vives dissensions animèrent, au milieu du xviiie siècle, les chanoines de Saint-Vulfran et la fabrique de Saint-Nicolas, à l'occasion d'un *saint Roch* en bois doré que cette fabrique avait fait accrocher, un soir, le 10 juin 1750, à la place d'un *saint Jean-Baptiste,* au gond même du saint dépossédé. Le lendemain, les chanoines, surpris par ce fait, le prirent pour un attentat à leur autorité ; ils firent donc retirer le *saint Roch* par un serrurier, et le déposèrent dans la trésorerie. Le surlendemain, assignation au criminel, faite au serrurier par les fabriciens, pour remettre le *saint Roch*. Le chapitre tout entier bondit ; il fait signifier au marguillier receveur en charge de la paroisse de Saint-Nicolas, et au bâtonnier de la confrérie de Saint-Roch, érigée en la dite paroisse, que le serrurier n'a exécuté que l'ordre et qu'ainsi l'affaire n'est pas criminelle, mais civile.

On plaide sur ce point au présidial ; l'affaire est déclarée criminelle et condamnable par-devant le lieutenant criminel. Les chanoines appellent à Paris à la chambre des Tournelles ; là il est décidé, en considération de l'omission de quelques formalités de la part des fabriciens de Saint-Nicolas lors de *l'intrusion* de saint Roch, que l'affaire n'est que civile.

Ensuite de quelques autres détails sur les discussions des chanoines de Saint-Vulfran et du curé de Saint-Nicolas à propos de processions, les manuscrits Siffait rapportent que, peu après la Fête-Dieu, on apprit de Paris l'issue du procès : — le chapitre était débouté de ses demandes en restitution de l'image de saint Jean ; la statue de saint Roch devait être remise en sa place, et la fabrique de Saint-Nicolas était libre de décorer la chapelle de Saint-Nicolas (et les dépendances) comme elle l'entendait, sans la permission du chapitre (1).

(1) Le *saint Roch*, cause de ces longues querelles, était l'œuvre d'un des derniers tailleurs de bois d'Abbeville, nommé Dutrilleur. J'ai été assez heureux pour reconnaître, il y a quelques années déjà, dans une des chapelles alors condamnées, ce spécimen des

Un *saint Jean-Baptiste,* celui-là même peut-être qui fut obligé de céder la place au *saint Roch* ou de la partager avec lui, occupe aujourd'hui l'ancien pilier, siége de la paroisse de Saint-Nicolas.

M. l'abbé Dairaines a bien voulu nous communiquer la liste, dressée par lui, des curés de Saint-Nicolas :

En 1414, fut établi un curé à la paroisse de Saint-Nicolas dans l'église collégiale de Saint-Vulfran. Auparavant « avoit coutume d'être curé celui des chanoines qui étoit secondaire. » —Voyez le P. Ignace, p. 105.

13... Jean Le Cordier. Il eut pour successeur immédiat :

1404. Jean Brandoulet.

1414. Adam d'Avesnes, chapelain et chanoine.

....? François de Bacouel. (Une longue lacune s'ouvre).

1646. Simon Sanson.

1649. Antoine Tillette.

....? Barthélémi de Boulogne, mort le 26 décemb. 1710.

1711, janvier. Louis Quevauvillers, mort le 24 juillet 1724, à 84 ans.

1725. Jean Delabie, ancien curé d'Épagnette, mort le 23 juin 1730, à 70 ans.

1730, 5 juillet. Gaspard de Léva, mort le 18 sept^bre 1738.

1738, 13 octobre. Charles-François Lavernier.

François Lavernier, qui laissa plusieurs volumes à la

sculpteurs de notre pays. Le spécimen n'effaroucherait en rien, il faut le dire, l'art des sculpteurs de la Forêt-Noire. Cette statue de saint Roch, de haute taille et dorée (en grande partie du moins), comme l'indiquent les mss. de M. Siffait, est aujourd'hui déposée dans la chapelle des Catéchismes. Quoique les vers l'aient fort détériorée, il serait à désirer qu'on la conservât et même qu'on la remît en évidence comme simple souvenir ou échantillon de la sculpture locale.

bibliothèque d'Abbeville, mourut curé de Saint-Nicolas, à l'âge de 80 ans, le 8 mars 1767.—*Mss. de M. Siffait.*

1767, 25 juillet. Jean-Jacques Meurice. Il donna sa cure au suivant.

1786, 30 mars. François-Firmin Hecquet. (C'est le dernier).

Un dernier coup-d'œil sur cette partie de l'église.

Aux fenêtres de la nef, les vitres présentent encore des ustensiles des corporations.

Au-dessous de ces fenêtres et de chaque côté « règne une galerie ou tribune bordée d'une balustrade avec entrelacs, où l'on voyait flotter autrefois les anciennes bannières de plusieurs corporations d'arts et métiers de la ville. » — *Gilbert.*

Les orgues actuelles et la chaire viennent, comme les grilles dont nous parlerons plus loin, de l'église Saint-Georges.

BAS-COTÉ DROIT DE LA NEF.

Une porte ronde et basse, que nous trouvons d'abord vis-à-vis le premier pilier de la nef, est celle de l'escalier des tours.

CHAPELLE DE SAINT-QUIRIACE.

Le commun des habitants d'Abbeville appelait saint Quiriace saint Cœur; saint Cœur était donc le patron connu de la chapelle que nous trouvons d'abord après l'escalier des tours. En cette chapelle se tenaient les assemblées de la fabrique de Saint-Nicolas.

C'est dans cette chapelle que fut enterré, le 22 février 1742, Jacques Le Bel, écuier, seigneur d'Huchenneville, le Mesnil, Bealcourt et autres lieux, conseiller du roi, lieutenant général en la sénéchaussée de Ponthieu et juge présidial d'Abbeville, âgé de 81 ans. — *Mss. de M. Siffait.*

Vers le mois de décembre 1773, MM. du chapitre de Saint-Vulfran firent vitrer de verres blancs et sans montant la fenêtre de la chapelle de Saint-Quiriace. — *Mss. Siffait.*

Cette chapelle, sous l'invocation du Calvaire, devait être exécutée en chêne par MM. Duthoit, et représenter les sujets de la Passion. Des craintes conçues sur la solidité de l'église firent suspendre ces travaux qui n'ont pas été repris.

Trois tableaux de notre peintre abbevillois Choquet donnent presque seuls maintenant quelque intérêt pour nous à la chapelle de Saint-Quiriace ; le premier de ces tableaux nous montre Jésus au Jardin des Olives, soutenu par des anges ; le second, Jésus succombant sous la croix ; les chaises de l'église, empilées à une certaine date contre les murs de la chapelle, ont fort endommagé ce tableau composé de neuf personnages ; la tête de sainte Magdeleine a disparu tout entière. Le troisième tableau, composé de sept personnages, nous montre Jésus descendu de la croix.

Au-dessous d'un renfoncement du mur dans lequel est couchée une représentation, en bois, du Christ au tombeau, les membres de la fabrique ont fait appliquer, après le rétablissement du culte, une assez belle sculpture également en bois et figurant sainte Magdeleine prosternée. Cette sculpture était, comme une autre qu'on peut voir encore dans la sacristie, un débris du couvent des chartreux de Thuison.

A la place du renfoncement que nous mentionnons, s'ouvrait autrefois une porte basse donnant dans le cimetière, ainsi qu'on peut le reconnaître encore en dehors de l'église, dans la cour d'une des petites maisons qui enveloppent l'édifice.

M. Gilbert désigne sous le nom de Saint-Lazare la chapelle que nous quittons.

CHAPELLE DE SAINT-YVES *à présent de* SAINTE-ANNE.

En 1524, le jour de la Toussaint, fut chantée la première messe en la chapelle de Saint-Yves, à la droite du chœur qui n'était pas encore achevé. — *Histoire du Ponthieu,* par Hermant.

« Dans la chapelle de MM. Pascal, la seconde qui se présente à droite dans la nef en entrant, » était un *Crucifix* peint par Varin. — *Alm. du Ponthieu,* de 1785. — Ce tableau, heureusement sauvé pendant la Révolution, est aujourd'hui dans l'église de Saint-Gilles qui le conserve avec un juste orgueil. — Voyez les *Peintres provinciaux* de M. Ph. de Chennevières, t. 1er, p. 215.

Cette chapelle, que MM. Duthoit voulaient placer sous l'invocation des anges, est restée inachevée. Le bas-relief devait représenter l'échelle de Jacob; les statues de la sainte Vierge et des anges Gabriel et Raphaël auraient occupé le haut du rétable.

M. Gilbert désigne, je ne sais sur quel fondement, la chapelle de Saint-Yves sous le nom de la Croix.

CHAPELLE DE SAINT-JEAN-BAPTISTE.

Cette chapelle fut fondée, suivant le P. Ignace, par messire Jean de Melun, chevalier, et dame Isabelle de Brimeu, dame de Saint-Maxens, sa femme.

Là était le tombeau de Jean Le Vasseur et de Jeanne Lessopière; vénérable pierre que M. Raymond et M. Gil-

bert ont encore vue en place. M. Raymond s'exprime
ainsi : « Dans la dernière chapelle de la sous-aile droite,
dite actuellement de Notre-Dame de Pitié, j'ai remarqué
un tombeau qui porte la date de 1437, écrite sur une
espèce de marbre noir appliqué contre le mur qui regarde l'est. Ce marbre, encadré dans une pierre d'ar-
doise, représente en relief un homme et une femme
agenouillés, avec leurs enfants, à la tête et aux pieds
de Jésus-Christ mis au tombeau par Nicodème et Joseph
d'Arimathie, en présence des saintes femmes qui ap-
portent des parfums. Ces sortes de sculptures sont
fréquentes dans le xve et le xvie siècle. Au-dessus des
deux époux, on voit leur épitaphe gravée en relief et
contenant la fondation *d'une messe basse perpétuelle à*
dire et célébrer en ceste cappelle par le doyen canoine et
le curé de Saint-Nycolays de l'église de céans. Elle est
ainsi conçue : *Cy devant gisent Jehan Le Vasseur* (ici
plusieurs titres de noblesse ont été effacés pendant la
Révolution) *et demoiselle Jehanne Lessopiere sa femme...*
et trespassa le dit Jehan lan de grasce Mil Quatre Cens
et xxxviii... (1). » M. Raymond avait mal lu les dates
(voyez plus loin).

« Au bas de la pierre, on lit ces maximes sur une
bande déployée :

Dieu soit loe de tout. Y faut faire le mieulx con peut.

(1) Les noms propres de famille prenaient alors des terminai-
sons féminines pour les femmes. Le Moitier devenait Le Moitière ;
Le Carbonier, Le Carbonière ; Langaneur, Langaneresse ; Le Ver,
Le Veresse ; Roussel, Rousselle, etc. On retrouve, à deux dates
différentes, ce nom féminin de Leschopiere dans l'obituaire de
Saint-Vulfran : « .... *pro domicella Christiana* (une autre fois
Christina) *Leschopiere et Johanne Leroux ejus marito....* »

« Le motif pour lequel Jehan et Jehanne ont choisi ce lieu pour leur sépulture et ont voulu que leur fondation y fût acquittée, est évident : cette chapelle était jadis sous le vocable de saint Jean, leur patron. Les vieillards d'Abbeville y ont toujours vu cette pierre sépulcrale. »

Le tombeau de Jean Le Vasseur et de Jeanne Lessopière existait encore, en 1836, au-dessus d'un confessionnal. M. Gilbert le vit à cette date, et reproduit *in extenso* l'épitaphe que nous avons écourtée plus haut d'après M. Raymond.

La date de l'épitaphe (12 mai 1431 pour Le Vasseur et 19 octobre 1408 pour Jehanne) indique, suivant M. Gilbert, une translation de cette pierre de l'ancienne église dans la nouvelle.

Aujourd'hui, la vieille pierre, malheureusement détachée du mur de la chapelle et brisée en plusieurs morceaux, est à peine mise à l'abri d'une dernière ruine au pied de l'escalier des tours.

Cette chapelle de Saint-Jean-Baptiste a été entièrement faite à neuf par MM. Duthoit et terminée en 1849.

Toutes les clôtures des six chapelles de Saint-Vulfran et les confessionnaux furent aussi exécutés par MM. Duthoit, en même temps que les chapelles.

L'autel de Notre-Dame des merciers terminait ce bas-côté (voyez le plan A). Cet autel fut reporté plus tard au haut du bas-côté du chœur, où nous le retrouverons.

BAS-COTÉ GAUCHE DE LA NEF.

Nous ne remarquerons d'abord, sur le mur de l'ancienne trésorerie, le petit caïman de quatre pieds et demi de long, cloué la tête en l'air, dans la position

d'un animal grimpant, que pour rappeler un récit populaire devenu de tradition, mais emprunté sans doute
à quelque autre pays où on en trouve d'analogues. La
tradition ne voit encore, dans ce petit crocodile, qu'un
gros lézard dont l'histoire rappellerait les beaux temps
de l'amitié de Thésée et de Pirithoüs chez les bêtes.
Un boucher — la vieille Boucherie est voisine de Saint-
Vulfran, comme on sait — reconnaissait tous les matins
un grand *déficit* dans la viande découpée sur ses étaux,
bien que sa porte fût fermée, la nuit, à double clef. Il se
met une nuit en embuscade, entend, aux heures les plus
noires, un faible bruit, comme le pas de quelqu'un
qui, par instants, ramperait avec précaution et, dans
d'autres, glisserait avec une certaine trémulation rapide
en laissant traîner des chaussures molles; mais il a
beau tendre et élargir ses prunelles dans l'obscurité, il
ne voit rien. Le lendemain, le plus beau morceau de
viande manquait dans sa boutique, et ni les verrous
ni la serrure de sa porte n'avaient bougé. La nuit
suivante, le boucher se poste derrière ses tables, mais
une lanterne sourde est sous sa main, prête à éclairer
tous les coins de la boutique. Les bruits déjà étudiés
trahissent un vol nouveau; le boucher fait tourner
brusquement le cylindre de sa lanterne; un animal
aux mâchoires pointues, à longue queue, aux tortillons
rapides, s'échappait, avec un morceau de viande, par
le large trou du ruisseau qui servait à égoutter le sang
de l'abattoir. Le boucher, revenu de sa stupeur, ouvre
doucement sa porte, retrouve l'animal dans la rue et
le suit en cachant sa lumière. Le lézard, car c'était
bien celui dont la dépouille expie depuis si longtemps
les déprédations nocturnes, exemple desséché des ma-

raudeurs de toutes les conditions, le lézard entraîne le
boucher jusque dans le cimetière qui ceignait les murs
saints de l'église. L'animal s'arrête ; l'homme effrayé
suspend son pas, mais la lanterne fermée tremble dans
sa main, et ses cheveux se hérissent quand il voit la
pierre d'une tombe se soulever lentement devant l'a-
nimal, puis l'animal disparaître sous terre et la pierre
redescendre avec la même effrayante lenteur. Le boucher, sa sueur froide essuyée, s'approche cependant de
la tombe, fait jouer sa lanterne et lit l'inscription ; les
titres du défunt enseveli à cette place n'avaient rien
d'épouvantable ; ce n'était pas même l'épitaphe d'un
membre de la corporation des bouchers ; la tombe res-
semblait à toutes les tombes recouvertes d'une large
dalle ; une tombe indifférente enfin, que remarqua cependant bien le malheureux témoin de ces prodiges
renversants, car, dès le lendemain, portant encore dans
sa pâleur le témoignage de sa bonne foi, il alla trouver
le maïeur, les échevins et le doyen du chapitre, et leur
raconta, de point en point, les évènements de la nuit ;
récit qui, de nos jours, eût fait douter de sa raison, mais
qui lui attira les égards des esprits non prévenus de ce
temps. Les bas officiers de la ville et de l'église sont
armés de bêches et de leviers ; la pierre de la tombe
est renversée ; l'échevinage et les chanoines reculent.
Dans la fosse ouverte, à côté d'un crâne et de quelques
os humains désunis, un énorme crapaud et un énorme
lésard rongeaient les restes d'une large pièce de viande.
Les deux animaux, étonnés d'abord, cherchent à fuir ;
mais les sergents à masse avec leurs masses, les suisses
avec leurs hallebardes, les poursuivent, les assomment,
les percent, et le crapaud vient rendre le dernier soupir

sur le lézard mourant. On s'expliqua alors la merveille : le crapaud soulevait la pierre en se gonflant pour donner passage, toutes les nuits, au lézard chargé de l'approvisionnement. La peau seule du lézard fut conservée et fixée au mur de l'église, pour perpétuer le souvenir de l'aventure extraordinaire.

Tel est le récit que le temps, qui vieillit vite, nous a légué ; mais les critiques défiants, qui pénètrent partout, assurent que l'animal, rapporté des pays étrangers, n'est qu'un *ex voto* de marins. A l'appui de cette explication, si j'entre à mon tour dans les probabilités glacées de la raison, je puis dire avoir vu autrefois ce lézard cher à l'imagination populaire attaché beaucoup plus haut dans l'église, aux environs de la chapelle de Notre-Dame de Lorette, où les marins suspendaient leurs dons et où nous voyons encore flotter dans l'air deux petits navires tout gréés offerts par eux.

TRÉSORERIE.

Entre le premier et le second pilier engagé, se trouve la porte de la trésorerie. L'étroite petite salle honorée de ce nom de trésorerie n'offre rien de remarquable ; elle sert aujourd'hui de vestiaire aux enfants de chœur.

CHAPELLE DE SAINT-LOUIS (1).

Dans cette chapelle, un bas-relief en pierre représente la naissance de Jésus-Christ. « Ce bas-relief, dit M. Gilbert, un des plus beaux ouvrages du xvie siècle, a reçu de graves atteintes. »

(1) Les désignations que je donne des chapelles sont toujours les anciennes, celles que je trouve dans les *mss.* de M. Siffait. De chaque côté de la nef, je visite ces chapelles en partant du bas de l'église.

Cette chapelle fut restaurée en 1844. Toute l'architecture du rétable est ancienne, mais le groupe de la
Nativité est entièrement de la composition de MM. Duthoit, à part le berger auquel la tête seule manquait
dans la composition précédente. Les statues du Sauveur,
de saint Pierre et de saint Paul, qui complètent la
décoration de l'autel, sont aussi des œuvres de nos
sculpteurs d'Amiens, ainsi que le coffre d'autel dont
les groupes sont tirés de la vie de Jésus-Christ.
MM. Duthoit ont emprunté, pour l'enrouler autour
des colonnes de leur rétable, la devise de la pierre
tombale de Jean Levasseur et de Jeanne Lessopière:
Dieu soit loe de tout, y faut faire le mieulx con peut.

Je ne sais si la chapelle de Saint-Louis n'est pas
aujourd'hui sous l'invocation, au moins populaire, de
la Nativité.

CHAPELLE DES SAINTS ANGES *ou de* SAINT-LUC.

Cette chapelle fut restaurée par MM. Duthoit en
1843. L'architecture qui accompagne le bas-relief est
l'ancienne; le petit sujet qui domine ce bas-relief existait aussi avant les travaux. Le reste, le bas-relief
même, les trois statues d'anges et le coffre d'autel, tout
cela fut entièrement refait à neuf. Les statuettes placées
aux angles de l'autel représentent les Évangélistes, et
celle du milieu saint Jean-Baptiste.

En face de cette sculpture du Jugement dernier,
derrière un confessionnal qui fait malheureusement
obstacle à l'œil, est un autre bas-relief ancien, représentant la femme adultère amenée devant Jésus par les
pharisiens; des hommes, qui ont apporté des corbeilles
pleines de pierres, font mine de se retirer devant la

parole de Jésus. MM. Duthoit ont aussi restauré ce
bas-relief.

C'est dans cette chapelle, au-dessous de la fenêtre,
qu'est le bas-relief représentant un trait de la vie de
saint Gengoul, le malheureux saint tué dans son château
d'Avaux en Bassigny, l'an 760, par le séducteur de sa
femme.

CHAPELLE DE SAINT-FIRMIN.

La chapelle de Saint-Firmin était celle des tonneliers.
La communauté des tonneliers cessa probablement
d'exister vers 1779; en cette année, au mois de février, N. Delegorgue, subdélégué, vendit, au profit du
roi et par ses ordres, « les reliques et argenteries y
jointes, qui appartenoient ci-devant à la communauté
des maîtres tonneliers et qui étoient dans leur coffre
en la chapelle Saint-Firmin séant en l'église collégiale
de Saint-Vulfran, pour une somme de 400 livres, à
MM. du chapitre de Saint-Vulfran, laquelle somme fut
reçue par M. Dufestel, receveur des dits pour le roy.
Ces reliques étoient ci-devant exposées sur une table
les jours des fêtes de Saint-Firmin, devant la chapelle.
Elles consistoient en une figure et un bras en argent du
dit saint, plus d'autres reliques enchâssées dans plusieurs reliquaires couverts d'argent. » —*Mss. Siffait.*

On enterrait dans cette chapelle comme dans toutes
les autres. Cela dit ici, puisque nous achevons le tour
de la nef.

Lorsque MM. Duthoit furent appelés à travailler dans
cette chapelle, il ne restait plus trace des anciennes
décorations. La chapelle que nous voyons aujourd'hui
appartient donc entièrement à nos artistes picards, qui
la terminèrent en 1848. Les statues représentent saint

Georges, saint Vulfran et saint Louis. Les sujets du médaillon de l'autel sont tirés de la vie de saint Vulfran.

Une des raisons qui firent, dit-on, transférer dans ces derniers temps la chapelle de Saint-Firmin à Saint-Vulfran, est que, pendant la Révolution, les reliques du patron même de l'église furent enterrées près de l'autel que nous quittons.

LA TOUR DE SAINT-FIRMIN.

Près de la chapelle de Saint-Firmin (ou au-dessus de cette chapelle), à l'extrémité du bas-côté gauche de la nef, s'élève extérieurement la tour qui porte encore le nom du saint évêque à qui fut d'abord dédiée une église en ce lieu. La tour de Saint-Firmin s'incline sur la Somme et a inspiré, par ce défaut d'équilibre, des craintes assez sérieuses pour que des travaux aient été commencés pour la démolir en partie et la reconstruire; pendant plusieurs années, de 1845 à 1854, des échafaudages l'ont encadrée à cette intention, dans une grande cage de bois; les échafaudages ont pourri sur place, l'argent manquant pour consommer l'œuvre, et la tour de Saint-Firmin est encore debout. On a démonté, les uns après les autres, les madriers et les traverses, et cette grande dépense de bois n'a servi, en définitive, qu'à poser quelques ancres de fer. On a cherché à expliquer ces dislocations des différentes parties de Saint-Vulfran et, entr'autres, la dangereuse inclinaison de la tour de Saint-Firmin, par les détonations du canon que les chanoines s'avisèrent un jour de faire tirer sur une des tours principales. On a avancé aussi la nature du terrain et l'affaissement des pilotis. Si cette dernière raison donnait la vraie cause du danger, on pourrait heureusement espérer quelque remède au mal, un long retard à la ruine, dans le comblement souvent réclamé du canal marchand. Les remblais qui exhausseraient le lit de ce bras de rivière au niveau des rues voisines, raffermiraient et soutiendraient le sol autour de l'édifice. Le vide, actuellement tout préparé aux affaissements du terrain, une fois rempli, l'écartement s'arrêterait, et la vieille église pourrait s'élever encore pendant des siècles dans son aplomb compromis, mais encore durable, au-dessus de la ville dont elle est l'honneur (1).

Une porte, ouverte dans l'ancienne chapelle des tonneliers, met les visiteurs au pied d'un escalier particulier qui monte dans la tour de Saint-Firmin.

La chapelle de Notre-Dame de Lorette, entrant de la hauteur d'un pilier dans le bas-côté gauche du chœur actuel (voyez le plan A), terminait, en 1540, le bas-côté que nous parcourons. Nous retrouverons plus loin l'autel de Notre-Dame de Lorette.

J'ai vainement cherché, d'ailleurs, tant au dedans qu'au dehors de l'église, trace du petit portail qui, suivant M. Traullé, (*Notes extraites,* je crois, *des mss. de l'abbé Buteux),* se présentait en 1512 du côté de la rivière.

V.

LE CHŒUR.

Cette partie de l'église, beaucoup plus basse que la nef, n'a été terminée (la voûte du moins) qu'en 1663, date autrefois écrite à cette voûte.

(1) Voir, pour une légende ou tradition légèrement apocryphe, qui attribue à d'autres causes le déchirement de la tour de Saint-Firmin et de l'église de Saint-Vulfran, la première édition des NOTICES SUR LES RUES D'ABBEVILLE.

Le chœur de Saint-Vulfran fut commencé en 1661, le 6 mai. — *Mss. Siffait.*

La nef avait été finie, comme nous l'avons dit, en 1534. — A cette date (1534), la construction du chœur avait cependant été entreprise; on avait déjà, avons-nous dit, — voir la nef — commencé l'autre côté de la croisée et le chœur; les quatre piliers en avant étaient déjà à la hauteur de 12 pieds, lorsque vint la défense de continuer; la nef fut alors, comme nous l'avons dit aussi, fermée de charpente et de placage.

La paix générale, disent les mss. de M. Siffait sous cette date 1661, ayant été rendue à la France, engagea MM. du chapitre à faire leurs efforts pour achever complètement leur chœur; pour y parvenir, ils firent une quête dans la ville; on dit même qu'ils vendirent un bois au terroir de Vauchelles (1); on commença à travailler en cette année 1661; la première pierre fut posée par le maïeur Pierre Dumaisniel au nom du roi et de la ville, par le doyen au nom du chapitre. — *Gilbert,* p. 192. — Et, « à cause que, passé les autels de Laurette et des merciers (2), il n'y avoit aucune élévation de maçonnerie, ils (3) furent obligés, pour continuer le chœur et le fermer, de faire même jusqu'aux fondations. La charpente du comble a été faite en 1663, ainsi que l'on voit par la date inscrite à une clef de la voûte. M. Lauenne, chapelain du grand autel et de l'extrême-

---

(1) Les chanoines de Saint-Vulffran avaient une seigneurie à Vauchelles-lès-Quesnoy. — Voyez les NOTICES SUR L'ARRONDISSEMENT D'ABBEVILLE, t. Ier.

(2) Voyez la place de ces autels dans le plan A.

(3) Les chanoines.

onction, que j'ay cognu et qui est mort en 1729, disoit qu'étant jeune et enfant de charpentier, il avoit fait des chevilles pour cette charpente. » — *Mss. de M. Siffait.*

LE MAÎTRE-AUTEL.

C'est en cette même année 1663 que, les travaux de construction étant finis, on fit le maître-autel et le baldaquin à colonnes, élevé derrière cet autel, et sur lequel la châsse de saint Vulfran était placée. « Les stales furent mises dans ce nouveau chœur, comme aussi l'autel placé au lieu où il est encore aujourd'hui (1); on y mit des rideaux soutenus par deux piliers de cuivre; on fit aussi un pupitre pour fermer le chœur par le milieu; comme cette place faisoit autrefois partie du cimetière, le chœur ne fut point béni. » — *Mss. Siffait.*

L'autel fut abattu en 1716 et remplacé par un autre dit *à la romaine;* « de chaque côté du nouvel autel, un piédestal fut élevé pour supporter deux anges adorateurs et un marche-pied aussi de bois neuf. On mit au milieu de l'autel et posé sur le gradin, une tige de fer en façon de canon à fusil orné de fleurs-de-lys dorées, haute d'environ six pieds, et au bout un feuillage de tôle dorée en forme de crosse, au haut duquel ils (2) mirent un petit pavillon de velours rouge semé de fleurs-de-lys relevé en fil d'or; c'étoit pour couvrir le saint ciboire qu'on y suspendit avec une chaîne passant en dedans de la tige et qui est fermé à la clef par une petite porte

(1) 9 mai 1663. — Adjudication du lambris en menuiserie qui revêt le mur intérieur du chœur.

(2) Les chanoines.

qui est derrière l'autel (1). Ils (2) firent aussi repaver le sanctuaire avec des pavés neufs ; ils firent venir de Paris une croix et six chandeliers de cuivre qu'ils mirent sur ledit autel ; on trouva que la croix étoit trop basse ; on fit, pour la rehausser, une pièce de bois doré et on mit la croix dessus ; les deux anges adorateurs ont été faits depuis par le sieur Cressent, de la ville d'Amiens, sculpteur fameux ; on couvrit de lambris les piliers qui sont autour du sanctuaire ; la lanterne où est le vaisseau d'huile qui donne la lumière pour allumer les cierges, (jusqu'alors au pilier qui est au haut des pas du côté de l'évangile), fut mise de l'autre côté vis-à-vis. L'autel de la châsse de saint Vulfran fut doré vers l'an 1726. La gloire qui sert pour mettre le soleil pendant l'octave de la Fête-Dieu, fut faite aussi par le sieur Cressent, vers l'an 1735. L'ancien autel étoit à la gothique ; au milieu, une sculpture dorée représentoit la Naissance du Sauveur. Jésus étoit dans une crèche ; à ses côtés prioient la sainte Vierge et saint Joseph ; un bœuf et un âne le réchauffoient de leur haleine ; le groupe remplissoit une étable à demi-ruinée aux deux côtés et garnissant la longueur de l'autel. D'autres sculptures montroient la suite de la Naissance, savoir : l'Adoration des Rois, la Purification de la sainte Vierge. Sur le gradin s'élevoit une grande croix de bois doré, entre deux chandeliers. Tout au haut de l'autel étoit une grande fleur-de-lys de bois

(1) Cette description, tirée, comme les indications de 1663, des mss. de M. Siffait, qui nous donnent ainsi l'histoire du principal autel dédié à saint Vulfran, manque un peu, il faut bien le dire, de clarté.

(2) Les chanoines.

doré; un peu plus bas étoient les figures en relief de saint Pierre et saint Paul, peintes en blanc, hautes d'environ deux pieds, accompagnées de quatre chandeliers de cuivre. Aux deux côtés de l'autel étoit un rideau blanc, rouge, vert ou violet, que l'on changeoit selon que les jours le demandoient; ces rideaux étoient soutenus par deux piliers de cuivre posés sur deux piédestaux de marbre noir dont l'un, avec son pied, a été mis depuis en place du cierge pascal; (auparavant il y en avoit un autre aussi de cuivre (1), mais plus antique); sur l'autel étoit suspendue une lanterne de verre, fermée, contenant le saint ciboire (2). Quand on encensoit à *Benedictus,* à la grande Messe et à *Magnificat,* on tiroit ces rideaux pour que les officiants pussent passer et encenser autour de la châsse de saint Vulfran (comme on fait encore à présent), et aussitôt après on les retiroit. » — *Mss. de M. Siffait.*

En 1769, les chanoines de Saint-Vulfran firent couvrir à neuf, en ardoises, le chœur de l'église, du côté de la Poissonnerie, et ordonnèrent différentes autres réparations. « Il y avoit alors une grande tombe en travers et au bas et tout contre le marche-pied du grand autel, qu'on dit être plus ancienne que l'église. Elle fut mise dans la même attitude devant le cierge pascal. Le ciboire où étoit la sainte hostie, étoit jusqu'alors suspendu dans une couverture de velours rouge semé de fleurs-de-lis en fil d'or, qui pendoit au bout d'une

---

(1) Il s'agit sans doute toujours du cierge pascal.

(2) Des dessins des mss. Siffait représentent la lanterne et l'autel comme on les voyait alors. Les lecteurs curieux ou nos continuateurs pourront recourir à ces dessins.

sorte de crosse en fleurons de tôle dorée soutenue par
un long canon de fer semé de fleurs-de-lys dorées, qui
étoit planté au milieu du gradin de l'autel. Le ciboire
fut détaché de la chaîne, et la crosse de fleurons,
après avoir été rallongée, fut attachée au baldaquin
au milieu de deux anges qui semblent la tenir. Il y
avoit une grande pierre de marbre qui étoit au haut
du lambris après l'autel de Notre-Dame de Pitié ; elle
fut descendue et sciée en deux par l'épaisseur ; une des
parties servit à faire des pas ou carreaux, et l'autre
a été mise à la muraille contre la porte du clocher.
On tient que cette pierre est plus ancienne que l'église.
M. Phaffenhofen dit qu'il n'en voudroit pas faire autant
pour dix mille livres. » (Cela veut-il dire qu'il blâmait
l'acte des chanoines comme œuvre de vandalisme ?)

Les masnuscrits cités par nous ont nommé, plus haut,
Cressent. Aujourd'hui, qui pourrait dire ce que sont
devenus les anges sculptés par cet artiste? Ces anges
étaient en bois peint en marbre. N. Douville les appelait
« deux chefs-d'œuvre. » — *Alm. de Ponthieu,* 1783. —
Ainsi d'ailleurs se trouve rectifiée l'erreur de la *Biogra-
phie des hommes célèbres du département de la Somme,* qui,
appelant aussi ces deux statues des *chefs-d'œuvre,* dit
qu'elles étaient en marbre.

Les statues en marbre de l'évêque d'Amiens Gabriel
Dorléans de la Motte et du prieur de Valloires Comeau, ne
s'élevaient pas encore à quelques pas de cet autel; mais
le coffre même de l'autel était décoré, sur le devant, du
tableau sur bois en trois parties, le Jugement dernier et
la Résurrection générale, que nous retrouverons bientôt
plus loin.

Ce ne fut qu'après la Révolution, lors de la réouver-

ture des églises, que les statues du baron Phaffenhofen
(saint Martin sous les traits de Mᵍʳ Dorléans de la Motte
à droite de l'autel, saint Bernard à gauche sous ceux
de Dom Comeau), enlevées de l'abbaye de Valloires,
retrouvèrent une place digne d'elles dans le chœur de
Saint-Vulfran.

Ce grand autel fut encore reconstruit en 1831.

Les anges adorateurs qui remplacent ceux de Cressent
ont été sculptés par MM. Duthoit; ils sont en bois *peint
en marbre,* comme l'étaient les premiers. Le devant du
coffre d'autel est également dû à MM. Duthoit.

C'est encore derrière cet autel qu'est l'ancien baldaquin sur lequel on posait autrefois la châsse de saint
Vulfran; les quatre colonnes de ce baldaquin étaient,
au xviiiᵉ siècle, peintes en marbre. Entre ces colonnes,
dit N. Douville, « on aperçoit un tableau d'un habile
peintre. Saint Vulfran y paraît dans une gloire revêtu
de ses habits pontificaux; des malades sont à ses pieds
et implorent son secours. » —*Alm. du Ponthieu,* 1783.

Ce tableau est maintenant placé dans le bas-côté droit
de la nef, non loin de la porte ouvrant sur l'escalier des
tours.

Quant au baldaquin, il a été doré en 1833.

Mais revenons chronologiquement en arrière.

AUTEL DE LA CHASSE DE SAINT VULFRAN,
DERRIÈRE LE MAÎTRE-AUTEL.

UNE PEINTURE DU XVᵉ SIÈCLE.

Ensuite, poursuivent les mss. de M. Siffait (c'est-à-dire
après la première grande messe lors de la consécration
du grand autel et du chœur, 1663), « on éleva un baldaquin au haut duquel on mit la châsse de saint Vulfran.
M. Pierre Bail fit faire à ses dépens le bois de l'autel de

la châsse de saint Vulfran; on y plaça les châsses de saint Vilbrod, de saint Maxime et de saint Sévolde. M. Jean Noël, pour lors doyen du dit chapitre, fit faire à ses dépens le lambris qui règne tout autour, où sont les petits tableaux qui représentent la vie de saint Vulfran. Ceux-ci ont été donnés, pour la plupart, par différentes personnes notables de la ville, ainsi que celui de l'autel, comme en font foi les armoiries qu'il y a; les maîtres bouchers en ont donné un; au second, du côté de l'évangile, M. Noël, doyen, étoit représenté à genoux, en habit de chœur, avec ses armes. » (M. Noël, ayant aussi fait faire à ses dépens le nouvel autel de Notre-Dame du Puy, y avait fait sculpter ses armes *d'argent à trois pattes d'aigle en or*). (1)— « L'autel érigé par N. Bail, riche bourgeois, dont l'écusson se voit encore au-dessus du dit autel, existe encore derrière le grand autel. » — *Mss. Siffait.*

Un assez grand intervalle séparait alors et sépare encore l'autel de la châsse de saint Vulfran du grand autel placé devant lui dans l'axe de l'église. Dans cet intervalle, on recevait en cérémonie la châsse de saint Vulfran quand on la descendait; mais en 1769, le maître-autel ayant été reculé contre les piliers du baldaquin, on fut obligé de descendre dorénavant la châsse de saint

(1) « M. Noël, doyen, étoit aussi un des conseillers au présidial et natif d'Abbeville et fort riche, et quoique pour subvenir à ces dépenses il eut fourni plus de vingt mille livres de son argent, il eut néanmoins, avant son décès, le déplaisir de voir son image navrée de plusieurs coups de couteau. Cela avoit été fait un matin dans les jours courts ; on n'a su que par soupçon qui en pouvoit être l'auteur. On a mis à la place de ce tableau un autre tableau représentant un saint Vulfran enlevé par les anges. »—*Mss. Siffait.*

Vulfran « par derrière, ce qui ne fait pas un si beau
coup-d'œil. » — *Mss. Siffait.*

C'est derrière le maître-autel actuel, contre l'ancien
autel de la châsse de saint Vulfran, qu'est appliquée la
curieuse peinture sur bois dont parle M. Raymond,
merveille encore négligée, qui décorait alors le coffre
du grand autel. « Je dois parler, dit-il, à M. L. Traullé,
correspondant de l'Institut de France, d'une peinture
ancienne et fort curieuse qui est dans cette église.
Elle orne le devant du coffre en bois du maître-autel.
Ce tableau, partagé en trois parties, représente la
résurrection générale. Les couleurs en sont vives et
appliquées sur une pâte ou mastic doré. On y a gaufré
des ramages, espèce d'empreinte dont le procédé nous
vient, dit-on, des croisades, qui a été employé dans la
peinture des arcades ogives de la sainte chapelle de
Paris. Tout le monde a pu voir ces portiques au musée
des monuments français, formant l'entrée de la salle du
xive siècle.

« Jésus-Christ occupe le milieu du tableau. Placé,
comme au grand portail de Paris et d'Amiens, entre
sa mère et son disciple bien-aimé (*), les pieds posés
sur un globe où sont figurés des arbres et des mers (**),
il montre ses mains ouvertes et percées de clous. La
paume en est tournée vers le spectateur. Le Sauveur a
le côté ouvert. A la droite et à la gauche de Jésus-Christ,

(*) « On remarquera que saint Jean n'est pas ici séparé des
autres apôtres. »

(**) « Ce globe ressemble beaucoup au globe terrestre qui,
avant les changements faits par Soufflot en 1772, était sculpté
sous les pieds du Sauveur à la façade orientale de la métropole
de Paris, façade construite sous Philippe-Auguste. »

figurent les douze apôtres réunis en deux groupes ayant
à leur tête, l'un saint Pierre, l'autre saint Jean. Les
anges, dans les airs, entourent le fils de Dieu; ils portent
les instruments de sa passion, la lance, les trois clous,
la couronne d'épines, à peu près tels qu'ils sont sculptés
aux cathédrales de Paris et d'Amiens. Par une singu-
larité fort remarquable, un de ces esprits célestes tient
un lis dont la tige est garnie de fleurs implantées dans
sa longueur : phénomène contraire à l'histoire naturelle,
mais assez commun sur les monuments anciens. On le
trouve au frontispice d'Amiens.

« Aux deux côtés côtés du devant de l'autel, on voit
un ange sonnant de la trompette et un mort soulevé
dans son tombeau par un autre ange qui semble l'en
tirer par la main pour le conduire et le présenter au
souverain juge. Il a les cheveux coupés en couronne,
sans tonsure.

« Quels sont ces personnages? D'où vient ce coffre?
En quel temps a-t-il été peint? Ces questions sont du
domaine de M. Traullé. A Dieu ne plaise que je mette la
faulx dans la moisson d'autrui. Si je me suis permis
quelques détails, c'est à cause des nombreux rapports
qu'a cette peinture avec le portail d'Amiens qui m'occupe aujourd'hui. »

M. Dusevel s'est occupé aussi de ce tableau dessiné et
gravé dans le *Bulletin archéologique du Comité des arts et
monuments* (année 1850, n° 6): « J'ai dit dans ce bulletin,
poursuit M. Dusevel, que ce tableau offrait une de ces
curieuses peintures du moyen-âge que l'on ne trouve
plus que fort rarement en France. Il se divise en trois
compartiments ou tableaux, représentant sur fonds d'or,
selon l'usage généralement suivi au xive siècle, la Ré-

surrection des personnages qui en firent don à l'église Saint-Vulfran, et le Jugement dernier. Le costume des anges gardiens qui soulèvent les donateurs de leurs tombeaux, est très-gracieux et d'un brillant coloris. Une remarque qui n'a point été faite, c'est qu'à l'époque où cette intéressante peinture fut exécutée, les personnes pieuses qui enrichissaient une église d'un tableau ou d'un bas-relief représentant, comme le coffre d'autel dont nous parlons, la Résurrection et le Jugement dernier, se faisaient ordinairement peindre tels qu'ils devaient être de leur vivant, c'est-à-dire autant que possible avec leur véritable ressemblance ou *pourtraicture;* on voulait se conformer, en cela, à la doctrine de Tertullien qui s'exprime ainsi dans son apologétique: « Il est convenable à la dignité de notre nature de « croire que chaque homme ressuscitera pour être le « même homme... Il est nécessaire que le *même homme* « qui est mort revive, afin que Dieu le récompense ou « le punisse de ses bonnes ou mauvaises actions. » (1)

Je me souvenais d'avoir vu, il y a quelques années, s'arrêter longuement devant notre peinture M. Ph. de Chennevières, alors inspecteur des musées de province, aujourd'hui inspecteur des expositions d'art. Son avis était important pour cette notice; je le pressai de rassembler ses souvenirs, il me répondit:

« Vous me demandez, mon cher ami, de vous mettre au net mes notes sur la peinture si précieuse que vous me fîtes voir autrefois à Saint-Vulfran et qui y décorait le devant de l'ancien maître-autel. Par malheur, ces

(1) *Apologétique de Tertullien,* traduction de Géry. In-12, Paris, 1684, p. 286.

notes,—je m'en aperçois en les relisant,— ne sont pas
toutes fraîches. J'aurais dû revoir le chef-d'œuvre lors
de ma dernière visite à Abbeville. Je ne crois pas cependant, si ma mémoire ne m'abuse, que mon admiration
d'il y a dix ans soit aucunement exagérée. J'attribuais
alors à la première moitié du xve siècle, à un con-
temporain français du Florentin Gozzoli, ce superbe
Jugement dernier, figuré en trois compartiments. Aux
deux extrémités, un homme et une femme relevés du
tombeau par un grand ange; un plus petit, dans les
airs, les réveille au son de la trompette. Le compartiment du milieu représente le Christ assis dans les
cieux, entouré d'anges qui tiennent les instruments de
la passion, et, au-dessus de sa tête, une bordure de
petits anges rouges finissant en manière de queue d'oi-
seau.— Plus bas, à droite et à gauche du Christ, les
douze figures d'apôtres, six de chaque côté. — Dans un
degré d'élévation, intermédiaire entre son fils et les
apôtres, se voit à gauche la Vierge couronnée. Les
hommes qui vont être jugés sont de proportion beaucoup plus petite que le Christ, plus grand lui même que
les saints, lesquels occupent la partie inférieure du
panneau. La beauté des anges à cheveux rouges, qui
relèvent les mortels du tombeau, est extraordinaire
de grâce et de noblesse divine. La femme, ou l'Ève
réveillée, est du sentiment le plus délicat et le plus
beau, d'étonnement, de frayeur et de piété. — C'est, en
un mot, une peinture à mettre à côté des plus curieuses
œuvres et des plus renommées de l'Italie d'alors. La
beauté des anges est surabordable. »

Devant ces témoignages d'admiration, nous émet-
trions pour notre part le vœu que, sans se dessaisir de

son droit de propriété sur la vieille peinture du xve siècle, la fabrique de Saint-Vulfran en confiât la garde au musée communal qui, tout en la mettant mieux en évidence, la préserverait des avaries à craindre au lieu où on l'a reléguée.

Au-dessus de l'autel délabré qu'honore cette peinture, est encore la châsse de saint Vulfran. Les reliques qu'elle renferme mériteraient une histoire en dehors de la légende fixée dans la tapisserie. (Voyez plus loin).

En 1199, on allait faire serment devant la châsse du saint. — *Mss. de Sangnier d'Abrancourt*, mais d'une écriture plus moderne et en marge.

Les reliques de saint Vulfran, ainsi que le constataient les titres renfermés dans la châsse, « avaient été remises (en 1205) dans sa châsse à Abbeville » par Richard, évêque d'Amiens, en présence du comte de Ponthieu Guillaume III.

La *Vie de saint Vulfran,* par Jonas, écrite sur parchemin, était également dans cette châsse (1).

1448. — La châsse du corps de saint Vulfran, patron d'Abbeville, fut couverte de nouvelles lames d'argent avec des figures en relief, par la dévotion des habitants et de Jean de Limeu, alors mayeur, qui donna cent livres pour cette décoration.—*Sangnier d'Abrancourt.*

Avant la Révolution, cette chasse, « couverte de lames

---

(1) Une des dépouilles les plus curieuses de l'abbaye de Saint-Wandrille, est un manuscrit déposé à la bibliothèque du Hâvre et renfermant un exemplaire, sinon original, du moins très-antique, du *Chronicon Fontanellense.* Ce livre offre, parmi ses ornements, une peinture très-remarquable représentant saint Vulfran. — *Note fournie par M. Louandre.* — Cela dit pour les agiographes.

d'argent pesant 145 mars et enrichie d'ornements en or, » représentait la nef même de Saint-Vulfran, flanquée des arcs-boutants et surmontée des clochetons. Huit hommes la portaient dans les processions. Une autre châsse en argent, « en forme de buste, enrichie de diamans, de pierres gravées, de pièces de monnaie d'or et d'argent, etc., » contenait le chef du saint patron qu'elle représentait. — Voyez M. Gilbert, qui, sur un écusson émaillé aux armes de France et d'Angleterre, dont cette châsse était ornée, lui donne pour date d'exécution l'occupation de la France par les Anglais, règnes de Charles VI ou Charles VII.

M. Gilbert explique comment les reliques de saint Vulfran, dépouillées de leurs richesses en 1793, enterrées dans l'édifice, exhumées en 1795, transportées chez un instituteur du nom de Barthélemy Hecquet, furent réintégrées processionnellement dans l'église en 1803, avec toutes les preuves constatant leur authenticité. M. l'abbé Michel nous donne, à la suite de sa *Vie de saint Vulfran*, le procès-verbal de la reconnaissance des reliques de saint Vulfran, de saint Willebrod, de saint Maxime et de saint Scevol, par M. l'abbé Darras.

Le 16 octobre 1835, les reliques de saint Vulfran furent déposées dans une nouvelle châsse de bois doré, beaucoup plus élégante que la précédente. — *Gilbert.* — M. l'abbé Michel nous donne encore le procès-verbal de cette translation.

Les grilles du chœur, sauf celles qui sont entre les deux (ou quatre) premiers piliers, proviennent de l'église Saint-Georges, de même qu'une partie des stalles.

M. l'abbé Dairaine a retrouvé, dans un registre aux

comptes de Saint-Georges pour les années 1685-1687, le détail des dépenses faites tant pour la confection que pour la mise en place de ces clôtures : la grille seule coûta à la fabrique deux mille trois cent cinquante livres ; elle avait été exécutée par Charles Dufossé, serrurier d'Abbeville, sur un dessin de Dupont, serrurier d'Amiens. — *Registre confié à nos recherches par M. Dairaine.*

Les stalles actuelles, au nombre de trente-deux, ne sortent pas toutes de Saint-Georges, bien s'en faut. Les dix-huit premières viennent de l'église particulière de l'Hôtel-Dieu. Stalles des religieuses hospitalières, on les reconnaît à des dimensions plus grandes.

Le grand vitrage peint de l'abside représente la Création du monde.

L'histoire du chœur appelle quelques mots sur une décoration et sur une construction qui ont disparu, la tapisserie fameuse et le jubé.

LA TAPISSERIE.

Cette tapisserie garnit le pourtour du chœur jusqu'à la Révolution ; on la supposait sortie des manufactures d'Arras ; elle avait 80 pieds de long sur 4 de haut et représentait la vie et les miracles de saint Vulfran ; les costumes et les rimes l'ont fait attribuer aux règnes de Charles VII et de Louis XI.—Voir l'*Alm. de Picardie* de 1785, pages 72 et suivantes.

Je n'avais pas l'intention de m'arrêter plus longuement sur cette tapisserie dont les légendes versifiées ont ont été publiées par l'*Almanach de Picardie* de 1785 et reproduites, d'après cet almanach, par M. Michel, archiprêtre de l'archidiaconé d'Abbeville, dans sa *Vie de saint Vulfran;* quelques notes laissées par M. Traullé changèrent ma résolution. En comparant ces notes aux publications indiquées, je reconnus que les vers rapportés par le savant magistrat n'étaient pas absolument semblables à ceux de l'*Almanach* de 1785 et paraissaient marqués d'un caractère plus antique et par conséquent plus conforme, selon toute probabilité, aux vrais textes de la tapisserie. Point facile à expliquer par la légèreté de ton et de procédés de l'*Almanach* envers la vénérable haute-lisse : « Il est inutile d'observer, disait le dédaigneux éditeur, que les figures sont aussi gauches et aussi estropiées que la poésie; le goût a toujours marché d'un pas égal en tous genres. » Sans entrer dans la discussion et sans défendre la poésie explicative des sujets, je reproduirai simplement les leçons de M. Traullé. Il faut savoir que la tapisserie formait vingt-cinq tableaux plus ou moins grands. Dans quelques-uns de ces tableaux, les figures étaient « fort à l'aise, » dans les autres « fort gênées; » les vers en caractères gothiques étaient au-dessus, deux dans les petits tableaux, quatre ou six dans les grands. Onze de ces tableaux représentaient les actions du saint, quatorze les miracles accomplis après sa mort.

ACTES DU SAINT.

PREMIER CADRE. — Saint Vulfran, jeune, se livrant à l'étude :

Et primement S. Wlfran dès l'enfance
A prins des lettres cognoissance.

SECOND CADRE. — Saint Vulfran sacré archevêque de Sens :

Apres qu'atteint eut l'age et sens
Fust fait archeveque de Sens.

Troisième cadre. — Miracle de la patène. Les notes doubles de M. Traullé nous fournissent deux variantes de la légende ; aucune n'est bien satisfaisante ; peut-être déjà, à la fin du xviiie siècle, était-il difficile de déchiffrer la vieille tapisserie usée. Ainsi sur un feuillet nous lisons :

> O sacrée hostie divine
> De la mer rechut sa platine.

Et sur un autre feuillet :

> De la sacrée hostie divine
> La mer rechut sa platine.

ce qui est un peu moins compréhensible encore. Ne faudrait-il pas lire le second vers dans l'almanach de 1785 :

> De la mer rehut sa platine.

eut de nouveau, sens analogue à celui de la première variante citée plus haut, *rechut, reçut.*

Quatrième cadre. — Prédication de saint Vulfran :

> Annonchant la parole de Dieu
> Par luy fut preché en maint lieu.

Cinquième cadre. — Baptême du fils de Radbod :

> Le fils Radbod duc des Frisons
> Baptisa et ses gentiz homs.

Sixième cadre. — Résurrection d'un enfant :

> En priant cil qui pitié recort
> Salva un enfant de mort.

SEPTIÈME CADRE. — Deux enfants sauvés de mort :

> On luy donna sur ces paroles
> Deux enfans sortis des ecoles
> Lesquels mis en mer par sort
> Delivra du dangier de mort
> En les ostant de peine amere
> Si les ramena a leur mere.

Sur un des feuillets que je confronte, je lis :

> On luy donna par ses paroles.

variante aussi obscure que le premier texte.

HUITIÈME CADRE. — Entrée du saint à l'abbaye de Fontenelle :

> Pour meriter gloire éternelle
> Le saint vint à Fontenelle.

Variante du second feuillet :

> Vint le siant vivre à Fontenelle.

Ce dernier vers est aussi celui que donne l'almanach de 1785.

NEUVIÈME CADRE. — Guérison d'un paralytique :

> Là Renaul paralitique
> Guerit qui fut oeuvre authentique.

L'almanach nous paraît ici avoir mieux copié :

> Là Regnault le paralitique
> Guarit, qui fut oeuvre authentique.

DIXIÈME CADRE. — Les derniers jours de saint Vulfran :

> Ses jours fina en ce saint lieu
> Prechant la parole de Dieu.

ONZIÈME CADRE. — Les habitants de Sens autour du saint expiré :

> Et Sens vint graces à Dieu rendre
> Et voir le corps saint sans attendre.

MIRACLES POSTHUMES.

DOUZIÈME CADRE. — Faux monnoyeur soumis à l'épreuve du serment :

> En Ponthieu monnoie on forgeoit
> L'ung des forgeurs fraude faisoit
> Vou poids leal ne juste comte *(compte)*
> Ne rendoit de l'argent du comte ;
> Lequel en ce lieu éprouvé
> Par serment fut laron trouvé.

Je ne sais sur quelle autorité M. Michel assure que ce faux monnoyeur demeurait dans notre rue du Pont-de-l'Isle.

TREIZIÈME CADRE. — Guérison d'une femme hydropique :

> Cette femme fut chy guarie
> Du grant mal d'hydropisie.

QUATORZIÈME CADRE. — Tempête calmée en mer :

> Ung pelerin, par reclamer
> Saint Wlfran, fit cesser en mer
> L'orage quant gens retournoient
> De Jerusalem où n'avoient
> Été car le soudan maudit
> A tous l'entrée défendit.

QUINZIÈME CADRE. — Enfant sauvé de mort :

Ung enfant cheut au radier
D'ung moulin, sy fut en grant dangier
La mère le recommanda
Au saint, dont de mort eschapa.

SEIZIÈME CADRE. — Prisonnier délivré :

Ung prisonnier fit oraison
Au saint, dont fut hors de prison.

DIX-SEPTIÈME CADRE. — Larron saisi et forcé à restitution :

Une bourgeoise on déroba ;
Pour ce saint Wlfran reclama ;
Elle retournant de cheans
Prinst le larron et tout sen bien.

DIX-HUITIÈME CADRE. — Guérison de deux enfants ; le premier est délivré d'un mal de tête :

Ung nommé Raoul deux filz avoit
Dont l'ung en grant dangier etoit ;
Déprier fut pour mal de chef
Saint Wlfran qui le guarit brief.

DIX-NEUVIÈME CADRE. — Le second est débarrassé d'une aiguille qu'il avait avalée :

Et l'autre une aiguille avala
Dont la pointe dessus alla
Pourquoi au saint offrande on fit,
Dont l'aiguille en bas descendit.

Vingtième cadre. — Des mariniers retirent de l'eau le corps d'un enfant :

> Ung enfant pour extrarier
> Fut en mer, le vent le fit noier.
> Les marinier pecquier allèrent
> Et le corps en leur ret trouvèrent.

Vingt-et-unième cadre. — Suite du même sujet ; résurrection de l'enfant :

> L'ung des parens tant supplie
> Saint Wlfran que l'enfant eut vie.

Vingt-deuxième cadre. — Guérison d'un charretier :

> Ung charroier de son char fut rué *(jeté par terre)*
> Par saint Wlfran fut continent savé.

L'almanach avait écrit *tué* pour *rué ;* nous ne relevons pas d'ailleurs toutes les différences de copie.

Vingt-troisième cadre. — Femme guérie :

> Comment cette femme de mal de teste
> Sava, dont on fit joie et feste.

L'almanach de 1785 écrit *sana* au commencement de ce dernier vers, et *sané* à la fin du second vers du distique précédent ; le sens ne repousse aucune des deux variantes.

Vingt-quatrième cadre. — Femme aveugle rendue à la lumière :

> Cette femme par foi entière
> S'en venant chz receut lumière.

6

VINGT - CINQUIÈME CADRE. — Guérison d'un enfant aveugle :

> L'enfant par mal de teste perdit
> Les yeux, le saint les luy rendit ;
> Les parents s'en emerveillèrent,
> Dont au saint offrande donnèrent.

Cette tapisserie, d'abord placée, suppose-t-on, dans la nef où elle entourait déjà le chœur (voyez le plan A), suivit probablement ce chœur dès l'année 1663. Elle servit et parut pour la dernière fois en public dans une fête révolutionnaire ; la *Vie de saint Vulfran* décora l'autel de la patrie. Cet office la mit en lambeaux, et le morceau précieux du xve siècle, jeté enfin dans le cimetière, ne fut recueilli par personne et s'en alla en pourriture.

LE JUBÉ DÉTRUIT.

Nous ne quitterons pas cette partie de l'église (le chœur vers la nef) sans dire qu'il y avait un jubé. Après avoir construit leur chœur, les chanoines mirent dans le jubé trois petites cloches qui sonnaient les heures et les quarts. — *Mss. Siffait.*

1728. — Cette année, MM. du chapitre de Saint-Vulfran firent quelques réparations à leur jubé. (Voyez un dessin dans les mss. de M. Siffait).

ÉPITAPHES DANS LE CHOEUR.

Au milieu du chœur était l'épitaphe de Charles-Paschal, vicomte de la Queue, dont nous avons parlé ailleurs.—Voyez *les Hommes utiles d'Abbeville.*—M. Gilbert rapporte cette épitaphe qui n'existe plus.

Près du maître-autel, Antoine Hecquet, doyen de

Saint-Vulfran, mort le 12 juillet 1718. — Voyez *les Hommes utiles.*

Une des épitaphes, dans le chœur de Saint-Vulfran, était celle de Jean de Boulnois. — *Mss. Siffait,* à l'année 1767.

On trouve encore maintenant, au-devant du lutrin, l'épitaphe de M. Philippe Fuzelier, avant-dernier doyen des chanoines, mort en 1785.

BAS-COTÉ DROIT DU CHŒUR.

Les clefs de voûte de ce bas-côté présentent chacune une paire de balance avec une escarcelle, attributs des merciers et des épiciers qui firent, à leurs frais, construire ce bas-côté. — *Gilbert.*

L'une des deux grilles de bois qui ferment les côtés du chœur, a été donnée par la communauté des marchands merciers.

SACRISTIE.

Dans cette partie de l'église s'ouvre la porte de la sacristie.

On ne peut noter, dans cette sacristie, qu'une vieille armoire en bois sculpté, ouvrage probablement des huchiers d'Abbeville, et à laquelle on donne pour date la fin du xvie siècle; et une sculpture en bois, des Chartreux, représentant saint Bruno. Malheureusement la tête de ce saint a été cassée et remplacée par une tête à poupée. — Nous verrons, un peu plus loin, quand fut bâtie cette sacristie.

CHAPELLE DE NOTRE-DAME DE PITIÉ.

En face de cette porte de la sacristie était, au xviiie siècle (voir le plan B), un autel de Notre-Dame de Pitié.

On enterrait devant cet autel, comme partout ailleurs dans l'église.

CHAPELLE *dite* DES MERCIERS *ou plutôt* DE NOTRE-DAME DES MERCIERS.

C'est la chapelle nouvellement décorée par MM. Duthoit et dédiée à la Vierge par M. l'abbé Michel. Les merciers regardaient à peu près comme appartenant à eux tout ce bas-côté droit.

Après le déplacement de la chapelle de Notre-Dame, dont nous parlerons tout à l'heure (voir le bas-côté gauche du chœur), c'est-à-dire après 1620, la communauté des marchands merciers supplia messieurs de Saint-Vulfran « de leur bailler leur chapitre qui est du côté droit en entrant (voir le plan de 1540 ou plan A), pour faire une pareille chapelle que celle de Laurette (1); » les chanoines ayant consenti, la chapelle fut bâtie en 1622. Les murailles furent adossées et assises sur les piliers déjà assez élevés du côté du cimetière, tandis qu'on acheva les autres piliers du côté du chœur en les rattachant en arcades les uns aux autres; arcades et murailles furent poussées jusqu'à la hauteur du comble, comme dans l'autre bas-côté construit par M. Briet. « Le bel autel dit des merciers fut aussi fait aux dépens de la corporation. » —*Mss. Siffait.*

Les merciers, aristocratie marchande du temps, les épiciers, les joailliers, les quincailliers, les apothicaires-droguistes, les ciriers et chandeliers étaient réunis sous le même patronnage et sous la même bannière, et leur confrérie, érigée dans Saint-Vulfran en l'honneur de

(1) Waignart, années 1620-1621.

Notre-Dame, célébrait la fête de la Vierge tous les ans le jour de l'Assomption. — *Voir M. Gilbert, p.* 207.

Les chanoines firent ensuite construire, contre ce bas-côté droit, la sacristie, et, du côté de la chapelle de Saint-Firmin, la salle du chapitre. (Voir, plus loin, BAS-CÔTÉ GAUCHE et le plan B).

La restauration de l'ancienne chapelle des merciers, confiée à MM. Duthoit, ne fut terminée qu'en 1851. Au centre, la statue de la Vierge, entourée d'anges, reçoit la lumière prise au dehors et qui tombe d'en haut. Dans l'ornementation à jour des entrecolonnements qui accompagnent la niche, sont placées les statues de saint Augustin et de saint Bernard, quatre statuettes de prophètes et quatre groupes représentant Moïse, Aaron, Daniel et Gédéon; sur le milieu de la façade du couronnement, la statue de saint Joseph, et, aux angles, celles de quatre femmes de la Bible, Esther, Judith, Debora, Abigaïl. Les trois bas-reliefs provisoires placés dans le coffre d'autel, représentent l'Annonciation, l'Adoration et la Présentation.

BAS-COTÉ GAUCHE DU CHŒUR.

Nous avons vu qu'en 1540 (voyez le plan A), la chapelle de Notre-Dame de Laurette occupait déjà l'intervalle compris entre les quatre premiers piliers de ce bas-côté; c'est elle qui, reculée lors de la construction du chœur en 1661, occupe actuellement le fond de ce bas-côté. Nous allons rapporter d'abord les changements successifs de cette chapelle.

CHAPELLE DE NOTRE-DAME DE LAURETTE.

En 1620, « maître Gabriel Briet, seigneur de Neufvillette, conseiller du roi, élu en l'élection de Ponthieu, ancien mayeur de cette ville et l'un des marguilliers honoraires de la fabrique de Saint-Vulfran, ancien baptonnier de la Conception dite Notre-Dame du Puy, et damoiselle Françoise Belle, sa femme, portés de dévotion pour la gloire de Dieu, firent de leur libéralité agrandir et rebâtir de fond en comble les bas-côtés de la chapelle Notre-Dame de Laurette, lieu de leur sépulture, firent démonter l'ancien bâtiment qui n'étoit que de bois, fort petit, bas et obscur, et le firent rebâtir en la forme qu'elle est (voir le deuxième plan des mss. de M. Siffait) avec la balustrade. » L'ancien bâtiment, dit Sangnier d'Abrancourt, qui n'était que de bois, fort bas et fort obscur, fut démonté le 12 septembre 1619. « Depuis ce temps, la confrérie de la Conception y a fait célébrer le service qu'on avait accoutumé de célébrer à l'autel de Notre-Dame du Puy, qui est dans la nef au-dessous du crucifix. » — *Mss. Siffait.*

Lorsque la chapelle fut achevée et l'autel construit, on replaça sur le nouvel autel, processionnellement et au son des grosses cloches et carillon, le tableau qui ornait précédemment l'ancien autel et qui avait été, depuis les travaux, porté de même en procession et au son des cloches sur l'autel de sainte Geneviève. Au-dessous de ce tableau on plaça, nous apprend Waignart, une table de l'Adoration des trois Rois, et, au-dessus, une image d'albâtre de la Vierge. — *Waignart*, à l'année 1620.

Des écussons présentaient, aux clefs de voûte, les armes de M. Briet. — *Gilbert.* — Encore maintenant, contre le mur du côté de la rivière, une table de marbre noir présente aux regards l'épitaphe de Gabriel Briet :

D. O. M.

ICI REPOSENT

NOBLE HOMME Mᵉ GABRIEL BRIET,

MAYEUR D'ABBEVILLE, SEIGNEUR DE NEUVILLETTE,

DÉCÉDÉ EN 1627,

ET

DAME FRANÇOISE BELLE, SON ÉPOUSE,

DÉCÉDÉE EN 1629.

REQUIESCANT IN PACE.

On lit au-dessous : *Leur épitaphe, détruite en 1793, a été rétablie en 1835 par Mᵉ Charles-Jean Levesque de Neuvillette, descendant d'un frère de Mᵉ Briet.*

La sculpture en marbre blanc qui entoure la table de l'inscription peut, si l'on en juge par l'enfant appuyé sur une tête de mort et soufflant des bulles de savon, et en raison même de la date, être sans invraisemblance attribuée à Blasset.

Actuellement, l'*Assomption* de la chapelle de Notre-Dame de Lorette est peinte, dit-on, par un peintre du nom de Melchior Rey (1).

Serait-ce de ce tableau que parle en ces termes N. Douville ? « Enfin, à l'autel qui est à gauche de la grille du chœur, on voit une *Vierge* admirablement bien peinte ; c'est un des excellents morceaux de l'école d'Italie, et peut-être le meilleur tableau qu'il y ait dans Abbeville. » —*Alm. du Ponthieu,* 1783.

Ou plutôt ce tableau ne serait-il pas un des deux qu'il attribue à Bomy, « peintre d'Abbeville, excellent

---

(1) J'ai vainement cherché ce peintre dont l'existence me paraît maintenant aussi problématique à peu près que l'histoire du lézard.

élève de Vouet, » et qui étaient dans les deux chapelles latérales du chœur? Un de ces tableaux, l'*Assomption de la Vierge,* était une copie du tableau même de Vouet, « qu'on voit aux Jésuites de la ville d'Eu. » Quatre autres petits tableaux de la main de Bomy et représentant quelques traits de la vie de la Vierge, ornaient la même chapelle.—Le tableau de la seconde chapelle (celle des merciers probablement) représentait une Vierge tenant dans ses bras l'enfant Jésus.—*Almanach du Ponthieu,* 1783.

Le mur de ce bas-côté expose aux regards des Abbevillois une œuvre abbevilloise: *Jésus-Christ au Jardin des Oliviers,* tableau de Mme Dehérain, donné par le roi en 1834.—Voir, pour Mme Dehérain, fille de M. Lerminier, le volume des *Hommes utiles d'Abbeville.*

Après 1622, lorsque la construction de la chapelle des merciers (voir le bas-côté droit du chœur) eut fait disparaître la salle du Chapitre, les chanoines créèrent, pour leur usage, une nouvelle salle également dite du Chapitre, du côté de la chapelle de Saint-Firmin. Cette salle, qui s'ouvre sur le bas-côté que nous visitons, est aujourd'hui la chapelle des Catéchismes. En face de cette salle ou chapelle, était alors un autel ou chapelle adossée contre la grille du chœur et dite de Sainte-Geneviève.

CHAPELLE DE SAINTE-GENEVIÈVE.

Pendant la reconstruction de la chapelle de Notre-Dame de Laurette, avons-nous dit, le tableau qui servait de table d'autel à cette chapelle de Laurette fut porté processionnellement sur l'autel de Sainte-Geneviève et y resta jusqu'à la reconstruction. — *Waignart.* (Voir plus haut).

Mais revenons à l'autel de Notre-Dame de Laurette.

Quand on fit le bas-côté gauche du chœur ou de Notre-Dame de Laurette, en 1620, « on ne l'avoit fermé que d'un pâlis derrière l'autel, à cause du désir qu'avoit le chapitre de faire tourner ce bas-côté à l'entour du chevet du chœur; » mais quand ce chœur fut fait, le premier dessein étant abandonné, on éleva, en 1668, un pignon de pierre, contre lequel on adossa « le bel autel que l'on voit encore à présent; on y plaça le tableau de Notre-Dame de Laurette, après l'avoir un peu diminué de grandeur; il est dans cette église depuis l'an 1519, où il s'est fait plusieurs miracles. » — *Mss. Siffait.*

VI.

HISTOIRE ET PARTICULIÈREMENT DEPUIS 1540·

Nous avons parcouru l'église en détail; quelques mots sur l'histoire générale de l'édifice, les reliques qui y étaient (ou sont) conservées, les faits politiques dont les arceaux furent les témoins, les doyens et chanoines qui chantaient les offices, doivent trouver place ici.

Les faits politiques ne sont guères que les passages des rois. En 1422, un puissant monarque s'arrêta sous les voûtes de la nef actuelle; il avait la face tournée vers le ciel; c'était le corps du roi Henri V, le vainqueur d'Azincourt, reporté en Angleterre.—Voyez l'anecdote que raconte à ce propos Monstrelet, *p.* 532, *col.* 2, *édit. Buchon.*

Louis XIII manifestait, on le verra plus loin, une grande dévotion à saint Vulfran.

RELIQUES.

Les principales de ces reliques sont celles du patron de l'église.

L'histoire de la translation de saint Vulfran et de ses miracles se trouve dans le troisième tome du *Spicilège,* dans les recueils des Bollandistes et de Mabillon. Dom Grenier en dit aussi un mot, *paquet 15, art. 4.*

Des villes et des rois sollicitèrent quelque portion des reliques de saint Vulfran.

Le 25 avril 1634, MM. les doyens et chanoines de l'église métropolitaine de Sens envoyèrent à MM. du chapitre de Saint-Vulfran une lettre pleine de piété envers l'ancien archevêque de leur ville de Sens, témoignant un grand désir d'obtenir quelques reliques du saint et priant très-instamment le chapitre d'Abbeville de leur en accorder. (Antoine Sangnier d'Abrancourt a conservé cette lettre dans ses manuscrits).

La demande de MM. de Sens parut partir d'un sentiment trop religieux pour ne mériter qu'un refus ; aussi fut-elle convenablement accueillie, quoique en ce temps-là — je cite maintenant Sangnier d'Abrancourt — « quelque raison eut empêché qu'elle n'eut l'effet légitimement attendu. » Le désir de MM. de Sens n'obtint satisfaction que quelque cinq ou six ans après, quand Louis XIII, alors à Abbeville, demanda à son tour quelques portions des reliques du saint. — *Sangnier d'Abrancourt.*

Ouverte en 1639 pour Louis XIII, la châsse de saint Vulfran fut encore ouverte en 1662 par Mgr l'évêque d'Amiens François Faure ; on y trouva « le corps et suaire du grand saint Vulfran. » — « Non sans admiration se sont vus tous les os d'un corps humain d'une fort

belle stature, à ce qu'il en paroissoit, et tous ses ornements étoient entiers et solides. »

RELIQUES DE SAINT SCEVOLD. —Voir M. Charles Dufour,
Calendrier picard, p. 14.

RELIQUES DE SAINT VILBROD. — La châsse de saint
Vilbrod fut ouverte le 5 avril 1712, dans les circons-
tances suivantes, d'après les mss. de M. Siffait :

Les habitants de Gravelines, désirant une relique de
saint Vilbrod, leur patron, firent en conséquence une
demande au chapitre de Saint-Vulfran, dépositaire du
saint corps. Les chanoines, consentant à se dessaisir
d'une parcelle des précieux restes, donnèrent avis à
l'évêque d'Amiens de la prière des habitants de Gravelines. L'évêque, Mgr Pierre Sabatier, vint à Abbeville
pour faire lui-même l'ouverture de la châsse. On avait
fixé le religieux examen au 5 avril (qui tombait, cette
année-là, le premier jeudi après le dimanche de Qua-
simodo). La cérémonie fut annoncée au peuple la veille
au soir, « par une volée de toutes les cloches du chapitre,
commençant par la grosse et de là à la plus petite, et
continuant jusqu'à la grosse en carillonnant. » (1)

Le lendemain, dans la matinée, Mgr Sabatier étant
entré au chœur, y célébra lui-même la messe au grand
autel ; lorsqu'il eut prononcé les derniers mots, « on lui
présenta la châsse qui étoit exposée sur une table dans
le chœur ; l'ouverture ayant été faite par Pierre Bouc-

---

(1) Je donne tous ces détails sur l'ouverture de la châsse de
saint Vilbrod, parce qu'il n'en est fait mention dans aucune des
notices publiées sur Saint-Vulfran. Les ouvertures de la châsse
de saint Vulfran, au contraire, ont été rapportées par M. l'abbé
Michel.

quet, serrurier du chapitre, en présence des plus notables de la ville, un médecin et chirurgien nomma à
haute voix les ossements, puis on dressa un acte ou
procès-verbal en latin, » dont les mss. Siffait nous
donnent la traduction en français :

« L'an du Seigneur mil sept cent douze, le jeudi
septième jour d'avril, régnant en France Louis XIV,
roi très-chrétien ; nous, Pierre Sabatier, par la grâce
de Dieu et du Saint-Siége apostolique, évêque d'Amiens,
étant dans le cours de notre visite, comme le clergé et
les magistrats de la ville de Gravelines avoient demandé
à nos bien-aimés les doyen, chanoines et chapitre de
l'église royale et collégiale de Saint-Vulfran d'Abbeville,
quelque petite portion des reliques de saint Vuilbrod,
premier évêque d'Utrecht et apôtre de la Frise conjoin-
tement avec saint Vulfran, les vœux d'iceux nous ayant
été présentés par les chanoines susdits et eux nous
ayant fait connaître le désir qu'ils avoient de les satis-
faire, l'Écriture disant : n'empêchez pas de bien faire
celui qui le peut et faites le bien si vous en avez le
pouvoir, nous sommes entré dans leur église plein de
joie dans le Seigneur, accompagné d'Alexandre Le
Scellier de Riencourt, chanoine de la sainte église
d'Amiens, abbé de Forêt-Montier, notre vicaire général.
Là, après la célébration de la messe, ils nous présen-
tèrent une châsse antique de bois, dans laquelle ils
assuroient que depuis plus de trois cents ans étoient
gardées les reliques de l'illustre confesseur Vuilbrod,
laquelle ayant été ouverte par dessous, on en tira une
seconde bien plus ancienne. Sur une des extrémités de
celle-ci étoit représenté, assis et en habit pontifical,
saint Vuilbrod ; on y voyoit représentés deux de ses

miracles, l'un, comme le rapporte Alcuin qui a écrit sa *Vie,* par lequel, à sa prière, il faisoit sourdre sur le bord de la mer une fontaine d'eau douce pour désaltérer un peuple mourant de soif, et l'autre par lequel il rassasiait d'une petite bouteille douze pauvres mendiants, le vin se multipliant toujours.

« En cette châsse, nous avons trouvé premièrement une enveloppe de cuir liée avec un ruban de plusieurs nœuds, lequel étant dénoué, parurent, avec de petits ossements rongés de vétusté, divers morceaux de drap, d'anciennes reliques et autres choses de cette sorte, avec une cédule de vieux parchemin, sur laquelle sont écrits d'un caractère ancien : ICI SONT PLUSIEURS RE-LIQUES; en outre, trois sachets de lin, cousus les uns aux autres, auxquels étoit attachée cette inscription aussi en caractère ancien : ICI SONT LES RELIQUES DU CORPS DU BIENHEUREUX VUILBROD, CONFESSEUR ET PONTIFE EN FRISE. Dans le premier étoit un crâne entier avec la mâchoire inférieure, et un morceau de parchemin avec ces paroles : ICI EST LE CHEF DU BIENHEUREUX VUILBROD, ÉVÊQUE ET CONFESSEUR EN FRISE ; et dans les autres étoient renfermés plusieurs ossements du même corps, solides et entiers pour la plupart, dont les noms sont ceux qui suivent, selon que nous les ont nommés Charles Lucas, docteur en médecine, et Louis Ozanne, chirurgien très-versé dans l'anatomie, appelés pour ce : le crâne entier, partie de la mâchoire inférieure, un des deux os humerus ou l'omoplate entière, l'autre omoplate, une des phalanges des mains, une des premières côtes, une des vertèbres des lombes, l'apophyse d'une vertèbre, la plus grande partie de l'os sacrum auquel est attachée une vertèbre, la moitié d'un os de la hanche,

un os fémur ou de la cuisse, la plus grande partie de
l'autre os fémur, un des deux os tibia ou de la jambe,
communément le péroné; la partie inférieure de l'autre
os tibia, l'autre moitié du même os, la moitié du tarse
et un grand nombre de fragments de divers ossements.

« De ces reliques de saint Vuilbrod, nous avons mis
à part : premièrement le crâne, ensuite le bras, pour
les enfermer chacun dans un reliquaire et leur procurer
ainsi plus de culte ; de même qu'une des phalanges des
mains qui doit être attachée, dans un cristal, à l'ancienne châsse ou à une nouvelle plus précieuse que l'on
pourra faire dans la suite, pour être exposée à la vue
des fidèles. Enfin, nous avons enveloppé, dans un morceau de soie blanche, un des deux os de la jambe
nommé communément péroné, et, après l'avoir muni
de notre sceau et de celui du chapitre de Saint-Vulfran,
nous l'avons destiné pour remplir les vœux des habitants de Gravelines, en don des maîtres Antoine
Hecquet, doyen; Charles Lannel, chantre; Jean de
Miannay, trésorier; Louis Sanson, Jean-Baptiste Chardon, Louis du Becq, Jean Guenot, Nicolas du Bourguier,
Nicolas Vuatebled, Nicolas Becquin, François Dumont,
Charles du Gardin, Jacques Leprevost, Louis Quevauvillers, Pierre Hecquet, Jean Gruel, Jacques-François
Bucquet, François Leblond et Claude Vaillant, chanoines de la dite église de Saint-Vulfran, tous présents.
Et pour le reste des reliques de saint Vuilbrod avec
leur inscription, après les avoir enveloppées d'un linge
cacheté de notre sceau et de celui du chapitre, elles
ont été remises dans la même châsse antique, aussi
bien que le premier sachet où se sont trouvées plusieurs reliques, sans en avoir rien tiré, après l'avoir

couvert d'un linge neuf cacheté de notre sceau et de celui du chapitre susdit.

« Étoient présents témoins de ceci, outre les doyen et chanoines susnommés, très sages personnes Pierre DE BUISSY, écuyer, seigneur du Mesnil, conseiller du roi et son président au siége présidial d'Abbeville; André-Joseph GAILLARD, seigneur de Boancourt, écuyer, conseiller du roi, aussi président au même présidial; Jacques GODART, chevalier, seigneur de Beaulieu et Brucamp, conseiller et secrétaire du roi, mayeur de cette ville; Charles-Antoine DE BEAUVARLET, subdélégué de M. de Bernage, intendant de cette province; Louis MANESSIER, seigneur de Brasigni et Noyelles; François-Gaspard DE RAY, conseiller au siége présidial d'Abbeville; Blaise DU VAL, ancien échevin de cette ville, maître de la fabrique de l'église de Saint-Vulfran; de plus, maître DUCHESNE, avocat au présidial d'Abbeville, bailly du chapitre de Saint-Vulfran; Claude DANZEL, seigneur de Boffles, procureur du roi et de la ville; tandis qu'une grande multitude de peuple transporté de joie la fit éclater en chantant avec nous le *Te Deum*.

« Donné à Abbeville, an et jour susdits, sous notre seing et celui de notre secrétaire, et sous les sceaux de notre chambre et du sceau ordinaire du chapitre de Saint-Vulfran.

« Signé PIERRE, évêque d'Amiens; LE SCELLIER, HECQUET doyen; (suivent toutes les signatures des chanoines); et plus bas: par ordre de M⁅ᵍʳ⁆ l'illustrissime et révérendissime, signé LA PIERRE avec paraphe. »

MM. du chapitre laissèrent pendant huit jours les reliques de saint Vilbrod exposées à découvert sur une table dans la chapelle de Saint-Luc; là foule affluait tellement pour les voir, qu'on fut obligé d'établir deux couloirs en charpente, dont l'un formait entrée à la chapelle, l'autre sortie. Le chapitre recueillit dans ce pieux concours beaucoup d'offrandes, dont la somme totale put acquitter le prix du chef et du bras en argent commandés vers ce temps à Paris, et la dorure nouvelle de la châsse (1).

LE DOYEN ET LES CHANOINES.

Le collége des chanoines d'Abbeville était l'objet de l'ambition des bonnes familles bourgeoises de la ville ; il serait intéressant, à ce titre, de dresser une liste des doyens et chanoines. Ce collége était une sorte de république fort jalouse de ses droits et préséances.

M. l'abbé Dairaine nous communique cette liste des doyens de Saint-Vulfran, dressée par lui à l'aide du

(1) La huitaine d'adoration écoulée, on remit les saintes reliques dans la petite châsse que l'on avait trouvée dans la grande, et le dimanche suivant, 17 avril, on fit la procession, à l'issue des complies, « avec cette petite châsse qu'on ne replaça dans la grande qu'après la dorure. » Plus tard, quand le chef et le bras d'argent furent arrivés à Abbeville, on les remplit des reliques désignées à cet effet. Dorure nouvelle, châsse et bras, tout fut prêt pour la fête de saint Vilbrod que l'on célébra, pour la première fois, le dimanche après le 6 novembre, « très-solennellement, avec panégyrique prêché et procession à l'issue des complies, dans laquelle la châsse, le chef et le bras de saint Vilbrod furent portés autour du marché. »

La fête, inaugurée ainsi, fut célébrée à pareil jour chaque année et avec la même solennité jusqu'à la Révolution ; seulement, au bout de quelques années, le zèle se relâcha un peu ; le panégyrique du saint fut négligé, et la procession, à laquelle on ne renonça pas tout-à-fait, ne fit plus que le tour de l'église.—*Mss. Siffait.*

P. Ignace, des mss. Siffait et de quelques notes laissées par M. Traullé, etc. : ·

Willaume ou Guillaume , 1122 ; — Alerme Gautier, 1184 ;—Enguérand de Saint-Fuscien, 1194 ; — Gérémare ou Guérin, 1199.

Robert Papelardi, 1200 ; —Firmin, 1203 ;—Hugo, 12.. ; — Jean, 12.. ; — Hugues de Montreuil , 1241 ; — Godefroy, 1255 ; — Enguérand de Moyenneville, 1260 ; — Jean Quieret, 1272 ; — Henry de Forestmontier, 1294.

Jean de la Forest, 1330 ; — Mathieu Guerrichy, 1350 ; Henry, 13.. ; — Massé Gohory, 1355 ; — Hugues de la Barre, 1390 ; — Gérémare, 1396.

Honoré de Fieffes, 1400 ; — Vincent du Chastel, 1412 ; — Jean Panole, 1424 ; — David de Fontaine, 1437 ; — Robert l'Huillier, 1465 ; — Thomas Salvostre, 1467 ; — Jean Le Mercier, 1468 ;—Pierre de Ramburelles (curé de Saint-Jean-des-Prés), 1470 ;—Raoul le Saige , sieur de Limeux, 14.. ; — Raoul du Rotoy (curé de Saint-Éloi), 1493. Il signa les coutumes d'Abbeville en 1495.

Jean Clerici, 1514 ; — ..... Cérisy, 1530 ; — Jacques Vacquandalle, 1540 ; — Jean Carpentin, 1555 ; — Louis Broquier, 1567 ; — Jean Savary, d'Abbeville (curé de Saint-Gilles), 1576 ; — Jean Avril, 1593.

Nicolas Bathélémy, 1611 ; — Jean Barthélémy, 1646 ; —Honoré Briet, 16.. ; — Jean Noël, 1679 ;—Jean-Baptiste Maillart, mort à la Trappe en 1698 ; — Antoine Hecquet, d'Abbeville, 1698.

François Olivier de Silly de Louvigny (né à Paris), 1718, (exilé en 1718, mort en 1754) ; — Nicolas de Linart d'Aveluy, 1751, (il se démit de son canonicat après trois

7

mois); — Philippe Fuzélier, d'Abbeville, 1752; — Jean-Baptiste Mellier, d'Abbeville, 1786 (1).

Vers 1745, une querelle s'émut entre les chanoines et l'échevinage, à l'occasion de la place à occuper par les officiers perpétuels *et non électifs* du corps de ville dans

(1) M. Dairaine nous a fourni, en outre, une liste des chanoines, chantres, trésoriers et chapelains, qu'il a dressée alphabétiquement, n'ayant pu toujours se procurer la date de leur entrée en fonctions, de leur sortie ou de leur mort. L'ordre adopté n'est pas toujours d'une irréprochable rigueur, mais suffira au classement :

A. — Alegrin (Jean), cardinal, né à Abbeville, chanoine et chantre de Saint-Vulfran en 1218. — Alerdat (Jean), clerc, douzième chanoine en 1121. — Aliamet (Pierre). — Alloin (Pierre), chapelain. — Acheu (N. d'), chapelain. — Athies (Thomas d'). — Aouste (Louis d'), trésorier en 1558. — Augusta (Laurentius de). — Aruier (Jacques-Antoine). — Augaste (Pierre). — Avesnes (Adam d'), chapelain, aussi chanoine, premier curé de Saint-Nicolas en l'an 1414, suivant le P. Ignace, p. 105. « Le P. Ignace s'est trompé, ajoute M. Dairaine, car j'ai trouvé Pierre Le Cordier curé en 13.. et Jean Brandoulet en 1404, son successeur immédiat. » Notre opinion particulière est que l'église dédiée à saint Nicolas étant antérieure à celle de Saint-Vulfran, la cure de Saint-Nicolas exista toujours à côté du chapitre. — Avesnes (Gilles d'), 1437. — Avril (Jean). — Avril Mont (Philippe d').

B. — Bacouel (François de), curé de Saint-Nicolas. — Bacouel (Laurent de). — Barre (Hugues de La). — Barthelemy (Nicolas). — Barthelemy (Jean). — Barthelemy (Benoist), chanoine en 1628, curé d'Epagnette et de Vauchelles en 1636, mort simple chanoine en 1668. — Bailleul (Jean de). — Bailleu (Jean Le). — Bailleul (Morand de), chanoine et premier principal du collége en 1566, né à Campl'Amiénois, mort en 1586. — Bail (Pierre), 1676. — Barbier (Firmin Le), 1440. — Baudelot (Jean). — Baudribos (Jean). — Beauvais (Gosson de). — Beauvarlet (Charles), 1666. — Becquin (Nicolas), chanoine en 1690, mort en 1735. — Bellegueule (Pierre), chapelain;

les cérémonies publiques. Sur cette querelle intervint une ordonnance du roi du 10 avril 1745 :

Extrait des registres du Conseil d'État.

« Le roi étant informé des difficultés survenues entre

il chanta sa première messe à Saint-Vulfran le 22 décembre 1766. — Bel (Louis Le), 1729, mort en 1759. — Bertenot (Marie-Marc), 1784. — Bértin (Pierre-Joseph), 1779. — Beteille (Pierre de), trésorier. — Blairie (Nicole) ; il signa les coutumes d'Abbeville en 1495. — Blond (François Le), seigneur de Conteville, mort le 13 mai 1715. — Bonnard (Simon), chantre, 1633. — Bonnart (Jean-Baptiste), déjà en 1787, maître de musique en 1790. — Bonnart (Jean). — Boulogne (Bathelemi de), chanoine et curé de Saint-Nicolas, mort en 1710. — Boulenois (Jean de), principal du collége en 1598, mort en 1644. — Biencourt (Girard de), 1375. — Bozany (Pierre-Antoine-Gabriel), chapelain en 1790, curé de St-Vulfran en 1820, mort en 1832. — Brandoulet (Jean), curé de Saint-Nicolas en 1404. — Broquier (Louis), doyen en 1582. — Bremont (André), chapelain ; il vivait en 1682. — Buissy (Grégoire de), curé de Saint-Georges en 1615, chanoine en 1644, mort en 1665. — Buissy (Thomas de), mort en 1681. — Bucquet (Jacques-François), chanoine en 1705, mort en 1738. — Buteux (Nicolas-François), chanoine en 1731, chantre en 1761, mort en 1770. — Buteux (Jacques), chantre. — Bourguier (Pierre-Nicolas du), 1646, mort en 1714. — Bricquencourt (Pierre de), trésorier, 1323. — Boullain (Jean). — Bout (Jean du).

C. — Cadel (Jean), trésorier, 1375. — Campagne de Longueville (Jean-François de), chanoine en 1742, mort à l'abbaye de la Trappe en 1775. — Campsart (Hugues de), chantre. — Caquerel (Charles-François), chanoine en 1783. — Cara (Jean) ; il signa les coutumes d'Abbeville en 1495. — Caron de Courteville (Nicolas), chanoine en 1766, chantre en 1771, mort en 1773. — Cat (Pierre Le), 1509. — Cardon (François). — Calonne (François de), 1681. — Caubert (Barthelemy de), treizième chanoine en 1121. — Chastel (Vincent du), doyen, 1412. — Champion (Nicolas), 1738, mort en

les doyen et chanoines de l'église collégiale de Saint-
Vulfran d'Abbeville et les maire et échevins et autres
officiers de ladite ville, au sujet du rang et préséance
des dits officiers du corps de ville dans le chœur de la
dite église, aux *Te Deum* et autres cérémonies publiques
où ledit corps assiste, ledit chapitre, prétendant qu'aux
termes de l'arrêt du conseil du 4 décembre 1671, il n'y

1757.—Champion (Nicolas-Théodore), 1755.—Carpentier (Robert),
clerc et vicaire de St-Nicolas, 1449.— Carpentier (Pierre-Jacques),
secrétaire du chapitre, 1790.—Cholet (Jean de), chantre.—Chardon
(Jean-Baptiste), 1675, mort en 1722.— Cateux (Philippe de), 1646.
—Cayeu (Jean de); il signa les coutumes d'Abbeville en 1495; il
était en même temps curé de Saint-André. — Clabaut (Pierre). —
Clabaut (Oudain).— Carnoto (Joannes de).— Cerisy, doyen, 1530.
— Clarus, 1199. — Commardo (Girardus de), 1296. — Compiègne
(Jean de). — Cordier (Jean Le), curé de Saint-Nicolas en 13... —
Coullars (Jean).—Courtois (Jean Le).—Crépin (Charles), chapelain
du grand autel de l'Extrême-Onction, mort en 1735. — Clunet
(Antoine). Voyez le P. Ignace, *Hist. ecclés.*, p. 369.

D. — Dangreville (Jean-Baptiste), sacristain, chapelain déjà en
1787, mort en 1818. — Darrest, 1682. — Danzel (Nicolas-Charles),
chanoine en 1760, mort pendant la Révolution. — Dacquet (Antoine), 1771. — Delabie (Jean), chanoine en 1724, curé de Saint-
Nicolas en 1725, mort en 1730.—Delattre (Robert); il quitta son
canonicat en 1716. — Delattre (Gérard). — Delegorgue (Nicolas),
chanoine en 1738, mort en 1744. — Delotel (Toussaint), chanoine
en 1735, mort en 1737. — Demay (Jacques), 1550. — Demarets,
chapelain, mort pendant la Révolution. — Denis (Robert), 1440.—
Denis (Jean).—Descaules (Adrien), chantre.—Descaules (François),
1650, mort en 1704. — Descaules (Pierre-Jacques), chanoine en
1783.—Despan (Bertin), seizième chanoine en 1121. — Dercourt
(Pierre-François), chanoine en 1732, mort en 1771. — Devaux,
chapelain depuis 1739. — Desliers (Pierre-Alexandre), chapelain,
1790. — Devismes (André), chanoine en 1734, mort en 1774. —

a que les maire et échevins qui doivent se placer pêle
mêle avec eux et les religieux de Saint-Pierre dans les
hautes stalles à gauche dudit chœur, et les maire,
échevins et officiers de ladite ville prétendant que ledit
arrêt ne doit pas seulement être entendu desdits maire
et échevins, mais encore desdits officiers perpétuels et
non électifs du corps de ville, Sa Majesté auroit donné

Dieny (Pierre-Nicolas), chapelain, 1790.— Domart (Jean de), 1323.
—Doremus (Jacques-Antoine), ancien sacristain en 1790.—Dorion
(Guy), chantre.— Doullens (Raoul de).— Dubecq (Louis), 1712.—
Dufour (Firmin), 1459.—Dumont (Albin), diacre, sixième chanoine
en 1121.—Dumont (François), 1712.— Dumont (Jacques-Michel);
il se démit de son canonicat en 1719.—Dupont (Riquier), dix-
huitième chanoine en 1121. — Duval (André), onzième chanoine
en 1121.—Duval (Jacques-Nicolas), chanoine en 1735, se démit en
1743. — Duval (Pierre), chanoine en 1723, mort en 1766. — Duval
de Conteval (Jean-Baptiste), chanoine en 1732. — Duval (Jean),
mort en 1689. — Delf (Jean-François-Dominique), chapelain du
grand autel jusqu'en 1760. — Douville (Charles), trésorier, 1642.
— Douville (Pierre).

E.—Enguérand, chantre.—Enguérand de Senarpont, quinzième
chanoine en 1121.

F. — Faissouef (Willard), 1219. — Feule (Jean Le), trésorier.—
Feuquerole (Simon de). — Firmin de Saint-Blimond, deuxième
chanoine en 1121. — Flet (Jean). — Flocques (Jean-Antoine de),
chanoine en 1752, mort en 1779. — Fontaine (Renaud de). — Fré-
ville (Nicolas), chanoine en 1745, mort en 1783. — Forceville
(Alexandre-François de), chanoine en 1712, mort en 1745. —
Friscamp (Jean de).—Froidure (Jean).—Froissart (Jacques-Josse),
chanoine en 1771, chantre en 1773, mort pendant la Révolution.—
Fuzelier (Philippe), chanoine en 1730, mort en 1785.

G. — Gaillard (Adrien), chanoine en 1744, mort chanoine de
Noyelles en 1779. — Gaillard (Jean).— Gaillard (Pierre). — Gardin
(Charles du); il vivait en 1712. — Gardin (Girard du). — Garet

ses ordres au sieur Chauvelin, Intendant de Picardie, d'entendre les parties, recevoir les mémoires et pièces et en dresser procès - verbal pour l'envoyer avec son avis, et être ensuite ordonné par Sa Majesté ce qu'elle jugera à propos.

« Vû le procès-verbal dressé par le sieur Chauvelin et son avis, ledit arrêt du conseil du 4 décembre 1671

(Claude-François), chanoine en 1743, mort en 1759. — Gauthier de Saint-Riquier, premier chanoine en 1138. — Gerold. — Gest (Henry). — Girard (Jacques), principal du collége en 1712. — Godefroy, quatrième chanoine en 1138. — Godefroy de St-Maxent, troisième chanoine en 1121. — Gontier de Montreuil, septième chanoine en 1121. — Gontier, vingtième chanoine en 1121. — Gontier, sous-diacre, cinquième chanoine en 1138. — Gloire (Étienne), 1299. — Gorre (Gosson). — Gouencourt (Anselme de). — Gourguechon (Nicolas de). — Gruel (Jean), chanoine en 1704, mort en 1728. — Guenot (Jean), chanoine en 1679, mort en 1714. — Guillaume, fils du sénéchal, deuxième chanoine en 1138. — Guy de la Neufville, écuyer ; il signa les coutumes locales d'Abbeville en 1495.

H. — Hallencourt (Hugues de), dix-neuvième chanoine en 1121. — Hangest (Mathieu de). — Hecquet (Antoine), chanoine en 1688, doyen en 1798, mort en 1718. — Hecquet (Pierre), chanoine en 1712, mort en 1722. — Hecquet (François-Firmin), chanoine et curé de St-Nicolas en 1787, mort curé de Rouvroy en 1821. — Haudiquet (...), chanoine en 1671. — Hellin, chantre. — Herelle (Guillaume de La). — Hesdin (Pierre de), 1426. — Hesdin (Jean de), chapelain. — Hochard (....), chapelain en 1647. — Houdenc (Hugues de). — Houbron (Jean-Louis), chanoine en 1777. — Huppe (Jean). — Hurt (Jean de).

J. — Jacques de Saint-Riquier, dixième chanoine en 1121. — Josse (Jean), chapelain. — Jossequin de Hesdin ; il signa les coutumes locales d'Abbeville en 1495.

L. — Laisné (Jacques). — Landru (Claude), chanoine en 1734, se démit en 1740. — Langlois (R...). — Laudée (Pierre), chantre. — Lavenne (Pierre), chapelain du grand autel en 1661. — Lavernier

et les pièces remises par les parties; ouï le rapport, le
roi, étant en son conseil, a ordonné que l'arrêt du 4
décembre 1671 sera exécuté selon sa forme et teneur;
en conséquence a maintenu et maintient lesdits officiers
perpétuels et non électifs de l'hôtel commun de ladite
ville dans le droit de se trouver à toutes les cérémonies
publiques où le corps de ville doit assister dans ladite

(Charles-François), chanoine en 1717, mort en 1767. — Leclerc
(François), chapelain, mort en 1789. — Lefebure (Jacques), 1646.
— Lefebure (Paul-Antoine), chanoine en 1720, mort en 1765. —
Lefebure (Nicolas), mort en 1698. — Lefevre (François), chanoine
en 1712. — Lefevre (Jean), trésorier, déjà chanoine en 1688, mort
en 1694. — Lefevre (Raoul), 1437. — Le Febure (Maxent); il signa
les coutumes locales d'Abbeville en 1495. — Lennel (Charles), 1685,
mort en 1732. — Lesperon (Jean-Octavien), mort en 1704. — Lespy
(Jean-Baptiste-Philippe de), chanoine en 1738, mort en 1760. —
Léva (Gaspard de), chanoine en 1716, mort en 1730. — Levesque
(Antoine). — Leurieze (Robert de la), principal du collége en 1657.
— Limeu (Mathieu de), neuvième chanoine en 1121. — Linart
d'Avelny (Nicolas), doyen, 1751. — Lorraine (Pierre de). — Lorp
(Nicolas), 12... — Louchart (Pierre), principal du collége en 1761.
— Louvencourt (Girard de), chapelain. — Lucas (Charles), chape-
lain, mort en 1751. — Lucas (Jean-Charles); il se démet de son
canonicat en 1720.

M. — Macqueron (Jacques), chanoine en 1714, mort en 1735.—
Magnier (Pierre). — Macé (Pottin); il a signé les coutumes d'Abbeville en 1495. — Maillard (Jean-Baptiste-François), chanoine en
1760, mort pendant la Révolution. — Maillefeu (Roger), quatrième
chanoine en 1121. — Malicorne (Raoul), chantre. — Maniez (Joseph-
Robert), chanoine en 1721, mort en 1734. — Marêuil (Jean de). —
Martel (Robert). — Marquenneville (Richard de), 1400. — Martin
(Charles-François de Saint-), chanoine en 1729. — Martin (Pierre),
en 1757. — Mathieu de Limeu, sous-diacre, neuvième chanoine en
1121. — Mathon (Thomas), chanoine et chantre, 1592. — Matrin-

église et de s'y mêler, dans les hautes stalles du chœur à main gauche, avec les chanoines de ladite église et les religieux de Saint-Pierre, auxquels Sa Majesté fait défense de troubler à l'avenir lesdits officiers dans ledit droit.

« Versailles, 10 avril 1745. »

Les chanoines, qui furent au nombre de vingt-six,

guchen (Jean de), 13... — Mauger (Pierre). — Maurice de Baisnat (Antoine), chanoine en 1758. — Mellier (Pierre-Jacques), chapelain, 1790. — Meurice (Jean-Jacques), chanoine en 1767, mort pendant la Révolution. — Meneslies (Raoul de), 1381. — Monchaux (Amand de), 1426. — Miannay (Jean de), trésorier en 1695, mort en 1731. — Miannay (Antoine de), chanoine en 1716, mort en 1752. — Montreuil (Albin de), sixième chanoine en 1138. — Moyenneville (Henry de), chapelain, 1272. — Morand (Jean-François-Henry), chapelain, mort en 1741. — Musle (Adam Le), chantre. — Maupin (....), chapelain dès 1726. — Macquet (Jean). — Masson (Gaspard), premier chantre et chapelain, mort en 1733. — Masson (François), chapelain, mort en 1765.

N. — Nicolas, doyen. — Noyelle (Guillaume de), 1236. — Normand (Godefroy).

O. — Obry (Jean-Baptiste-Philippe), chanoine en 1780. — Odon, 11... — Outreleau (Jean d'), trésorier, 1440. — Offay (Gilles d'), médecin. — Lorfevre (Jean), trésorier. — Œil (....), chapelain du grand autel jusqu'en 1739.

P. — Parenty (François de) ; il signa les coutumes d'Abbeville en 1495. — Paresis (Jacques). - Picard (Hugues). — Picquigny (Silvestre de), quatorzième chanoine en 1121. — Pierre (Gilles), huitième chanoine en 1121. — Pierre, sous-diacre, cinquième chanoine en 1121. — Plé (Jean-Baptiste), chapelain encore en 1790, mort en 1820. — Pohier (Nicolas), 12... — Ponches (Gautier de), 1219. — Petit (Joseph), chanoine en 1773, mort en 1782. — Preure (Jean de). — Prevost (Henry). — Prevost (Pierre). — Prevost (Antoine), chanoine en 1740, mort en 1771. — Prevost (Jacques Le), chanoine

demandèrent eux-mêmes quelquefois que des canonicats demeurassent vacants, afin de pouvoir, par l'emploi des traitements restés disponibles alors, subvenir aux réparations de l'église. Ainsi, en 1764, ils représentèrent au roi « qu'il y avoit de grosses réparations à faire à leur église et que leur fabrique n'étoit point en état d'en supporter la dépense ; qu'ils le supplioient d'ordonner

en 1698, mort en 1744. — Poilly (Charles de), chapelain, se démet en 1682. — Pierret (Pierre), mort en 1705. — Prevost (Jehan Le), chantre en 1480 ; il signa les coutumes d'Abbeville en 1495.

Q. — Quengnon (Jean), trésorier. — Quevauvillers (Louis), curé de Saint-Nicolas en 1711, mort en 1724. — Quinepaye (Nicolas).

R. — Ray du Tilleul (Jean-Roger de), trésorier, 1731, mort en 1768. – Raymond, chantre. — Richard d'Abbeville, premier chanoine en 1121. — Rohaut (Nicolas), trésorier. — Rouquerolles (Philippe de). — Rouchère (Henry-Joachim de La), chanoine en 1771, mort en 1784. — Rougequien (Jean de). - Rourette (Etienne de), dix-septième chanoine en 1121. — Roy (Nicolas Le), 1617. — Rumet (Antoine), déjà en 1657, mort en 1678. — Rond (Noël-François de), chapelain, 1682.

S. — Sanson (Henry), chapelain, mort en 1735. — Sanson (Louis), sieur de Becquerel, déjà en 1712. — Sanson (Guillaume), frère de Nicolas Sanson le géographe. — Sanson (Jean), vers 1550 ou 1560. — Sanson (André). — Sanson (Nicolas), chapelain, frère du P. Ignace ; il se fit capucin sous le nom du P. Mathieu). — Sanson (Simon), curé de Saint-Nicolas, déjà en 1645. — Sanson (Octavien), chapelain. — Saulmon (Jacques), mort le 12 avril 1640. — Saulmon (Pierre). — Saulsoy (François du), chantre, mort en 1685. — Saulsoy (François du), neveu du précédent, chanoine en 1685, mort en 1693. - Savary (Jean), doyen, 1576. — Sergeant (Jacques Le), mort en 1661. — Sculin (Nicolas), 1651. — Siffait (Jacques), chanoine en 1780, mort pendant la Révolution. — Silvestre, troisième chanoine en 1138. — Sorelle (Jean de), trésorier. — Salle (Claude de La), cha-

que les quatre premiers canonicats de leur chapitre qui viendroient à vaquer, ne fussent remplis par un sujet que dix ans après le jour de la vacance, et que les revenus, pendant ce temps, fussent employés à faire lesdites réparations ; ce que le roi leur a accordé par son ordonnance du mois de décembre 1764. » —*Mss. Siffait.*

Et ce ne fut pas la seule fois qu'ils demandèrent au

pelain, vivant en 1682. — Sueur (Antoine), vers 1617. — Sanson Charles), chapelain.

T. — Tainfroy, chapelain. — Tellay (Louis-Zacharie), chanoine en 1786. — Theobald. — Tillette de Buigny (Jean), chanoine et maître des enfants de chœur, 1638. — Tillette (Jacques), 1646. — Tillette (Antoine), curé de Saint-Nicolas en 1649. — Tillette de Buigny (Claude), chanoine en 1730, mort en 1777. — Toullet de Maison (Jacques), chanoine en 1723, chantre en 1732, mort en 1764. — Traullé (Jean-Baptiste), chanoine en 1741, mort en 1780. — Traullé (Laurent-Charles), chanoine en 1759, trésorier en 1768. — Tripier (Alexandre), chapelain en 1790, mort en 1812. — Tripier (Jean-Baptiste), principal du collége en 1743. — Triboulet (André). — Triboulet (Jean), frère du précédent. — Trochart (Barthelemy). — Trudaine (Anselme).

V. — Vaillant Ducazel (Claude), chanoine en 1719, mort en 1730. — Vasseur (André Le), 1437. — Vasseur (Maxime Le), chapelain, déjà en 1682. — Vasseur (Nicolas Le). — Vasseur (François-Marie), chanoine en 1778, mort pendant la Révolution. — Vasseur (Jacques), chanoine en 1730. — Vasseur (Jean Le), chanoine ; il signa les coutumes d'Abbeville en 1495. — Vassout (Charles-François), chanoine en 1718 ; il se démit de son canonicat en 1734. — Vast (Nicolas de Saint-), vers 1407. — Vienne (de), chapelain ; il signa les coutumes d'Abbeville en 1495.

W. — Wautier de Saint-Riquier. — Wallier (*Miles de*), 1236. — Wattebled (Nicolas), chanoine en 1679, mort en 1731. — Werel (Wautier), trésorier. — Wicars (Jean), chantre. — Widecocq (Adrien-Charles), chanoine en 1775, mort en 1821.

roi cette faveur ou la prolongation de cette faveur qui
ne nuisait qu'à leurs successeurs présomptifs.

Ajoutons qu'il a tenu à peu de chose peut-être qu'Ab-
ne devînt le siége d'un évêché et la collégiale de Saint-
Vulfran une cathédrale. L'an 1773, rapportent les mss.
de M. Siffait, il fut fortement question de créer un siége
épiscopal à Abbeville; l'évêché aurait embrassé toutes
les dépendances de l'archidiaconé de Ponthieu, et les
revenus de l'abbaye de Saint-Riquier lui auraient été
attribués. Ce projet intéressait la piété et l'orgueil de la
ville; aussi se tint-il le 11 mars, à l'échevinage, une
assemblée extraordinaire des officiers municipaux et
des anciens maïeurs, aux fins de délibérer sur la pro-
position ou plutôt de l'appuyer, ce qu'ils firent, mais
inutilement, car l'année se passa sans que le roi eût
rien approuvé. C'était la seconde fois que le projet manquait sous l'épiscopat de Mgr Louis-François-Gabriel de
la Motte Dorléans. Messieurs de l'hôtel-de-ville ne se
tinrent pas pour battus cependant, car deux ans plus
tard, en 1775, Mgr de Machault, évêque d'Amiens, étant
venu à Abbeville vers la fin de juillet, ils lui présen-
tèrent une *Requête au roi,* dressée par eux, aux fins
d'obtenir l'érection d'Abbeville en évêché. Mgr de Machault approuva de cœur en apparence cette requête qui
appauvrissait son diocèse et la signa; elle fut aussitôt
envoyée au roi qui, dit-on, fit droit en septembre; elle
fut ensuite expédiée à Rome, d'où nous ne savons si elle
est jamais revenue, le service des bureaux ne se faisant
pas mieux à Rome qu'en France, — à cette époque.
Voilà par quelles péripéties a passé l'évêché d'Abbeville, et pourquoi de nos jours encore la cathédrale de
Saint-Firmin gouverne la collégiale de Saint-Vulfran.

Les chanoines de Saint-Vulfran furent dispersés par la Révolution.

Au point où nous sommes arrivés, l'histoire de notre église ne peut se séparer tout-à-fait des évènements politiques du temps.

L'administration municipale d'Abbeville enjoint, le 13 janvier 1791, à tous les curés de la ville, de venir prêter, les dimanches 16 et 23 du même mois, le serment exigé des ecclésiastiques fonctionnaires publics. — *Correspondance de la mairie.*

Les prêtres non assermentés perdaient alors, on le sait, le droit de se faire entendre dans les chaires. Quelques-uns ne tinrent point compte de cette interdiction (loi du 27 mars 1791); trois d'entre eux, MM Savary et Blondin, prêtres, et Lelong, diacre, étaient dénoncés, le 3 mai suivant, à la municipalité pour avoir prêché dans différentes églises paroissiales. Mandés le lendemain en la chambre du conseil, ces ecclésiastiques déclarèrent qu'ils n'avaient aucune connaissance de la loi sur les prédicateurs. Le conseil leur fit notifier, par la bouche du maire, l'injonction de se conformer désormais à cette loi.

Le 15 juin 1791, les administrateurs du district et les officiers municipaux ayant procédé à la fermeture et à la mise sous le scel de onze églises d'Abbeville ou de la banlieue, Saint-Vulfran demeura encore ouvert au culte dans la ville, avec les églises de Saint-Gilles, du Saint-Sépulcre et de Saint-Jacques (1).

_____

(1) Les onze églises supprimées étaient : Saint-André, Sainte-Catherine, Notre-Dame-du-Châtel, Saint-Vulfran-de-la-Chaussée, Saint-Jean-des-Prés, Saint-Paul, Notre-Dame-de-la-Chapelle (à Thuison), Saint-Éloy, Saint-Georges, Saint-Silvin (de Mautort),

Saint-Vulfran n'était pas sauvé pour longtemps des injures de la politique.

La société populaire d'Abbeville rédigeait, le 8 frimaire an II (28 novembre 1793), cette pétition à la Convention nationale :

« Les Français sont mûrs à la philosophie; ils ne veulent plus d'autre culte que celui de la Raison. Ce culte n'a pas besoin de prêtres; ils n'ont fait que troubler le repos des nations. Le flambeau de la vérité a éclairé la terre, et le règne de l'imposture est passé. Ces frelons consommaient le travail précieux des abeilles; ils dévoraient tout et ne produisaient rien; ils parlaient de charité et ils étaient intolérants; ils prêchaient les vertus et commettaient tous les crimes. Hâtez-vous, augustes représentants; extirpez jusqu'aux racines l'arbre empoisonné qui, depuis tant de siècles, couvre l'univers de son ombre mortelle. Plus de prêtres, plus d'églises; il ne faut à des républicains que des vertus, et votre exemple nous les inspire. Nous demandons, citoyens représentants, que, dans l'une de nos églises, il soit élevé un autel de la patrie, et que ce temple soit consacré à la Raison. Nous irons, dans ce temple auguste, nous exciter à la pratique des vertus républicaines. »

Cette adresse, revêtue des signatures de la société populaire, fut adoptée par le conseil général de la commune et expédiée à la Convention.

Saint-Michel (d'Épagnette). Les admiministrateurs du district avaient engagé les officiers municipaux à prendre, en procédant à ces fermetures, toutes les précautions de prudence propres à prévenir les émotions populaires soulevées « par des esprits mal intentionnés. »

L'antique collégiale est devenue le temple de la Vérité
et de la Raison.

Le 20 frimaire an ii (10 décembre 1793), la déesse de
la Raison est installée dans le chœur sur le principal
autel (1). Le char ou trône de la jeune déesse était fort
élevé et porté par six membres de la société populaire.
En face du temple se balançait l'arbre de la fraternité,
de l'humanité et de la raison, tout nouvellement planté;
l'illumination du temple permettait de lire, malgré la
nuit déjà venue, les devises qui le décoraient. Devant
l'autel où trônait la déesse, furent proclamés dans leurs
fonctions le commandant de la place et un lieutenant
d'artillerie, et des symphonies s'élevèrent entre quelques
scènes et déclarations patriotiques préparées pour dra-
matiser la fête. Le cortége du nouveau culte ne quitta le
temple qu'à sept heures du soir, pour assister à une
représentation de *Guillaume Tell,* fondateur de la liberté
des Suisses.

Bien d'autres fêtes républicaines devaient étonner les
vieux murs.

Le 10 nivôse an ii (30 décembre 1793), des réjouis-
sances pour la prise de Toulon appellent dans le temple
toutes les autorités de la ville. Le maire, dans un de ces
discours qui remplacent désormais les homélies, engage
les citoyens à fêter, par des danses au champ de la
fédération, les victoires de la République.

Le 19 pluviôse an ii (29 janvier 1794), fête pour

(1) « Une femme vêtue de blanc, coiffée du bonnet de la liberté,
était-il dit dans le programme de la fête, tiendra de la main
gauche le livre de la loi et écrasera sous ses pieds les productions
du marais et du fanatisme. Deux jeunes citoyennes lui placeront
sur la tête une couronne de chêne, etc... »

l'anniversaire de la mort du tyran et pour les progrès triomphants de la philosophie. Des discours et des cantiques républicains firent tout le fond de cette fête, racontée d'ailleurs fort laconiquement par les procès-verbaux officiels.

Le 30 germinal an II (19 avril 1794), inauguration, avec discours, des bustes de Marat et de Lepelletier de Saint-Fargeau dans le temple de la Raison.

Le 6 prairial an II (25 mai 1794), le conseil général de la commune décide que, conformément à l'arrêté du Comité de salut public (du 23 floréal), ces mots de l'article 1er du décret de la Convention du 18 floréal: LE PEUPLE FRANÇAIS RECONNAÎT L'ÊTRE-SUPRÊME ET L'IMMORTALITÉ DE L'AME, seront substitués à l'inscription: TEMPLE DE LA RAISON. Le peintre Choquet fut chargé d'exécuter la nouvelle inscription.

Le 20 prairial an II (8 juin 1794), fête « en l'honneur de l'Être-Suprême. »

Puis vinrent les fêtes décadaires, régulièrement célébrées en vertu des réglementations politiques de ce temps. Le lieu d'abord choisi pour ces fêtes était l'hôtel-de-Ville; mais l'administration départementale, n'ayant pas trouvé à cet hôtel des dimensions assez larges pour les réunions du peuple, prescrivit le choix d'un autre lieu (2 brumaire an VII, 23 octobre 1798); l'administration d'Abbeville choisit alors Saint-Vulfran (5 brumaire, 26 octobre). On lisait, dans les séances décadaires, les décrets de la Convention et des instructions civiques et et républicaines (1).

_____

(1) Lors des simples fêtes décadaires, en l'an VIII (1799-1800), un détachement de la garde nationale escortait, de l'hôtel-de-ville au temple, les administrateurs municipaux, les fonctionnaires

Mais le Directoire n'était pas un gouvernement à se contenter de programmes toujours aussi simples.

On eut, le 30 ventôse an VII (20 mars 1799), la fête de la souveraineté du peuple; le 10 floréal (29 avril 1799), la fête des époux, etc.

Toutes ces fêtes remplissaient Saint-Vulfran de groupes allégoriques et de discours (1).

Enfin, le 24 brumaire (15 novembre 1799), une proclamation pompeuse annonce dans Saint-Vulfran la loi du 19 brumaire (10 novembre), rendue dans la première séance du Corps législatif à Saint-Cloud. Plusieurs discours saluent, dans le temple décadaire, l'aurore du nouveau régime.

publics, les instituteurs, les institutrices et leurs élèves. Dans l'église, l'orgue ouvrait la séance par « l'hymne marseillaise » et la fermait par divers airs patriotiques. Le retour à l'hôtel-de-ville s'exécutait comme le départ, avec tambours et sous l'escorte de la garde nationale.

(1) Le 7 thermidor an VII cependant (25 juillet 1799), les administrateurs municipaux avaient décidé que toutes les fêtes républicaines et les réunions décadaires auraient pour lieu désormais la ci-devant église du Saint-Sépulcre, et la fête décadaire du 10 thermidor (28 juillet) fut la première célébrée dans cette église; mais un arrêté du département, du 21 vendémiaire an VIII (13 octobre 1799), rapporta celui qui autorisait la municipalité d'Abbeville à célébrer au Saint-Sépulcre les fêtes républicaines et les décades. L'administration d'Abbeville décida donc, dès le 24 (16 octobre), que le décadi prochain le cortége administratif se rendrait au temple de Saint-Vulfran. — Les frais d'entretien urgents, disait-on, et considérables qu'exigeait ce dernier temple avaient déterminé le choix du Sépulcre.—Le 30 vendémiaire (22 octobre), la réunion décadaire eut donc lieu de nouveau avec pompe, cloches et tambours, dans l'église de Saint-Vulfran.

Vinrent alors (10 frimaire an VII, 1er décembre 1799)
les prestations de serment dans le même temple, au
son de l'orgue alternant avec les musiciens de la ville
acharnés sur *la Marseillaise.* Tous les fonctionnaires
publics ayant prêté le serment, la musique attaqua alors
« l'air chéri des Français *Ça ira.* » — *Registre aux délibérations de la ville.*

Mais le beau temps des fêtes décadaires n'était plus;
le 20 frimaire an VIII (11 décembre 1799), l'administration municipale décida que les réunions de décade
auraient lieu désormais dans la grande chambre de la
maison commune pendant la rigueur de la saison, les
jeunes élèves des instituteurs et des institutrices ayant
trop froid dans le temple. Je ne sais si les séances furent
reprises plus tard dans St-Vulfran, mais elles ne purent
sans doute que languir et s'en aller en discrédit.

Le culte catholique, fonctionnant déjà avec une liberté
qui s'élargissait toujours (1), allait bientôt être officiel-
lement rétabli.

(1) Le 7 messidor an III (25 juin 1795), lecture avait été faite au
conseil général de la commune d'Abbeville, de lettres administra-
tives rappelant que la loi du 11 prairial précédent (31 mai), en
restituant les églises au culte, n'avait pas dérogé à celle du 3
ventôse qui défendait expressément de placer dans des lieux
publics aucun signe particulier à un culte quelconque, et qui
interdisait toute proclamation ou convocation publique pour in-
viter les citoyens aux cérémonies religieuses. Le conseil arrêtait
alors que ces lettres, d'abord publiées à son de trompe, seraient
affichées à la porte principale des temples connus ci-devant sous
les noms de Saint-Vulfran, Saint-Gilles et Saint-Jean-de-Rouvroy,
attendu que des citoyens, par ignorance de la loi, s'étaient permis
de sonner les cloches. — La tolérance était devenue plus grande
encore plus tard.

8

Le 28 vendémiaire an iv (20 octobre 1795), plusieurs anciens paroissiens de Saint-Georges étaient venus déclarer au conseil de la commune que, s'appuyant sur la loi du 11 prairial précédent (30 mai 1794), ils allaient se servir, pour l'exercice de leur culte, de l'édifice connu ci-devant sous le nom d'église de Saint-Vulfran, et le conseil leur donnait acte de leur déclaration.— *Registre aux délibérations.*

Le 8 floréal an vii (27 avril 1799), les administrateurs d'Abbeville ordonnaient au citoyen Larcher, ministre du culte, d'enlever du temple de Saint-Vulfran, pour le jour de la fête des époux, tous les signes appartenant à son culte.

En cette même année 1799, un service funèbre fut célébré dans Saint-Vulfran, en mémoire du pape Pie VI, avec une publicité si grande, que l'administration de la ville fut accusée d'avoir elle-même autorisé cette pompe (1).

En l'an ix, la messe de Noël est autorisée (nuit du 3 au 4 nivôse, 24 au 25 décembre 1800) dans les cinq églises Saint-Vulfran, Saint-Gilles, le Saint-Sépulcre, Saint-Jacques et Saint-Paul (2).

(1) On peut voir, à cet égard, une lettre imprimée alors, qu'adressa le commissaire Gay-Vernon aux membres de l'administration d'Abbeville et au commissaire du Directoire exécutif placé près d'elle. Les procès-verbaux des délibérations municipales (séance du 19 vendémiaire an viii, 11 octobre 1799, et suivantes) nous conservent aussi le bruit de l'accusation que repoussent les administrateurs, mais ces derniers ne prétendent aucunement que les ecclésiastiques ou les fidèles aient dépassé leur droit.

(2) Les administrateurs municipaux écrivaient le 4 nivôse an vii (24 décembre 1798), aux différents ecclésiastiques exerçant leur

Le culte rentre enfin sous la protection de la loi : « Il faut espérer, écrivait l'administration d'Abbeville en germinal an x (mars-avril 1802) au député Delattre, que le rétablissement de la religion rendra au peuple sa moralité, et qu'on verra diminuer les vols et atrocités qui se sont trop multipliés dans ces derniers temps. » — *Correspondance de la mairie.*

Une circulaire préfectorale du 5 floréal an xi (25 avril 1803), engageait les administrations à pourvoir aux frais du culte, à l'établissement et à la réparation des presbytères, à l'augmentation de traitement des curés, des vicaires, des desservants. Le 23 floréal (13 mai), le conseil municipal accorda une indemnité de 250 francs au curé de Saint-Vulfran et de 200 francs aux desservants de Saint-Jacques et de Saint-Gilles, pour leur tenir lieu de logement.

Après la Révolution, l'ordre rétabli ne ramena pas cependant pour Saint-Vulfran l'ancien état des choses; l'église fut rendue au culte, mais les chanoines n'y rentrèrent pas.

Saint-Vulfran, dans l'archidiaconé d'Abbeville (divisé en deux archiprêtrés), devint le siége de l'archiprêtré d'Abbeville, comprenant onze doyennés. De ces onze doyennés, celui de Saint-Vulfran comprend une cure de première classe, une cure de deuxième classe, cinq succursales, six églises sans titre.

culte dans les églises d'Abbeville, ces mots dont le préambule paraît assez largement libéral : « Nous sommes bien éloignés de forcer les opinions politiques et religieuses, mais la loi nous ordonne de vous rappeler qu'aucune cérémonie nocturne ne peut avoir lieu sans appeler sur le citoyen qui en serait le ministre les peines qu'elle prononce. » — *Correspondance de la mairie.*

Le curé de Saint-Vulfran, archiprêtre.

Cure de première classe : Saint-Vulfran.

Cure de deuxième classe: Saint-Gilles.

Succursales: Saint-Paul, Rouvroy, Cambron (Mautort), Épagne (Eaucourt, Épagnette), Mareuil (Bray), Villers-sur-Mareuil.

Chapelles : Hôtel-Dieu, Hôpital général, Collége communal, Maison d'arrêt.

La fabrique de Saint-Vulfran ne rentra pas cependant tout d'abord dans ses biens (1).

(1) L'administration d'Abbeville, prenant en main la défense de la fabrique de Saint-Vulfran, écrivait le 9 juillet 1806 au ministre de l'intérieur :

« Monseigneur, le 12 frimaire an XIV, MM. les marguilliers de la paroisse de Saint-Vulfran d'Abbeville ont présenté à votre Excellence un mémoire pour obtenir d'être envoyés en jouissance de moitié de la coupe des bois dits des Célestins, dont il avait été fait donation en 1781, pour l'entretien du matériel du temple destiné au culte de cette paroisse. Tout semble militer en faveur de leur demande : la beauté de ce monument qui a mérité l'attention de S. M. l'Empereur et Roi à son passage en cette ville ; son ensemble qui offre un chef-d'œuvre de l'art au XVᵉ siècle, pour l'architecture et la sculpture. Si on le considère sous le rapport de l'utilité, il est le seul convenable pour la réunion des autorités lors des cérémonies religieuses extraordinaires ; il sert en ce moment au culte de sept paroisses supprimées sur treize qui existaient anciennement. Enfin, cet édifice est le seul, à cause de l'élévation de ses tours, où l'on puisse placer les guetteurs pour les incendies. Je dois ajouter, Monseigneur, que pendant la Révolution, ce temple a été entièrement abandonné ; qu'il est susceptible de réparations urgentes et que la fabrique est dans l'impossibilité absolue d'en acquitter la dépense, tous ses biens ayant été vendus et n'ayant que le produit des quêtes qui peut à peine suffire aux frais de l'intérieur. Déjà l'hospice, qui jouissait

La solitude intérieure de Saint-Vulfran donna-t-elle lieu plus tard à quelques désordres? On pourrait le croire. Le conseil de fabrique décidait, à la fin de 1811, que l'église ne resterait pas constamment ouverte. — *Délibération du bureau des marguilliers du 22 août 1811, et autre du conseil de fabrique du 6 octobre de la même année.* — Le maire de la ville, d'accord avec ce conseil, donnait, le 17 décembre, des ordres aux commissaires de police pour que Saint-Vulfran fut fermé à des heures déterminées, et pour qu'ils prêtassent aide et assistance aux marguilliers toutes les fois qu'ils seraient requis par eux. — *Correspondance de la mairie.*

On s'est beaucoup occupé et on s'occupe beaucoup encore de la solidité de notre jeune église du xve siècle (1). Dès l'an iii, on s'inquiétait sérieusement de

anciennement de l'autre moitié de ce bois (des Célestins), en est possesseur... Je n'hésite point à vous supplier, Monseigneur, d'accueillir favorablement la réclamation de MM. les marguilliers de la fabrique de Saint-Vulfran. » — *Registre aux correspondances de la mairie d'Abbeville.*

Le ministre ne se rendit pas tout d'abord aux sollicitations de la fabrique, et lui refusa la jouissance de la portion de bois réclamée. — *Ibid.* — *Lettre de l'administration municipale aux marguilliers, en date du 16 octobre 1806.*

(1) Le 21 fructidor an ii (7 septembre 1794), deux membres de la société populaire d'Abbeville se présentent devant le conseil général de la commune et déposent un procès-verbal ou état des travaux à faire pour détruire les signes de la féodalité, tant à l'intérieur qu'à l'extérieur du temple de l'Être suprême. Ils engagent, au nom de la société populaire, la municipalité à adjuger ces travaux le plus tôt possible.

Le conseil, considérant que les changements à faire subir au temple de l'Être suprême sont très-considérables et pourraient l'état périclitant de l'édifice. Le 2 ventôse (20 février 1795), le conseil général de la commune, « considérant qu'il y a des réparations urgentes à faire au temple dédié à l'Être-Suprême, qu'il est de son devoir de calmer les inquiétudes des citoyens à ce sujet et de prévenir tout accident, » nomme les CC. Louis Leroy, Thierry, Malecot, Jumel-Riquier et Boucquet, experts chargés de constater l'importance des réparations à faire au temple de l'Être-Suprême et de celles que ce bâtiment exigera annuellement. — *Registre aux délibérations de la ville.*

Plus tard, des sommes assez faibles, il est vrai, en comparaison des craintes à conjurer, furent parfois votées dans le conseil de la ville pour les réparations urgentes de l'église (1).

Ces secours ne pouvaient que perpétuer le mal; en 1839 encore, M. Garnier signalait le danger : « La tour de Saint-Firmin, disait-il, menace de tomber avec les murs de la croisée septentrionale. Les meneaux de la grande

entraîner la commune dans des dépenses exhorbitantes, etc.; considérant qu'il serait plus avantageux peut-être de choisir un autre temple qui demanderait beaucoup moins d'entretien et serait assez vaste pour contenir la majeure partie des habitants de la commune, arrêta qu'avant d'ordonner les réparations au temple de l'Être suprême, il serait fait de suite par les CC. Jumel-Riquier, Pierre Plisson, Malecot et Maurice Coulombel, visite des lieux pour dresser un devis des travaux à faire à ce temple avec estimation des frais, pour, d'après le rapport de ces experts, être statué par le conseil général pour le plus grand avantage des habitants de la commune. — *Registre aux délibérations de la ville.*

(1) L'église de Saint-Vulfran n'était pas la seule aux besoins de laquelle subvint la ville. On voit, dans une délibération municipale du 7 prairial an XI (27 mai 1803), que, d'après les devis (dressés en vertu de la délibération du 23 floréal, déjà citée), les

rose du portail sont peu solides, ainsi que les voûtes des chapelles latérales; enfin, les galeries qui forment le couronnement de la partie achevée et de la plate-forme des tours sont, en plusieurs endroits, dégarnies de leur balustrade sculptée. »

Des enquêtes furent faites, et les avis partagés laissèrent vieillir le mal; un procès-verbal de visite, dressé le 6 mars 1817 par MM. Mathurel, entrepreneur de bâtiments, et François Wallois, sur l'invitation de MM. les marguilliers de l'église de Saint-Vulfran, affirmait qu'après examen toutes les parties intérieures et extérieures de cet édifice leur avaient semblé en très-bon état et entretenues de manière à dissiper toutes les craintes mal fondées qu'on pourrait en concevoir. — *Journal d'Abbeville du 10 avril 1817.*

Les avertissements terribles furent reproduits par M. Violet-Leduc; ils firent même fermer pendant quelque temps l'église aux fidèles.

D'intelligents travaux, exécutés pour la plupart sous l'inspiration de M. Lambert, colonel du génie, président

réparations à faire aux différentes églises conservées réclamaient des sommes qu'on établissait ainsi :

Pour Saint-Vulfran..............	790 fr.
— Saint-Sépulcre.............	3,014
— Presbytère du Saint-Sépulcre.	1,000
— Saint-Gilles..............	1,460
— Saint-Jacques..............	468
— Rouvroy..................	1,098
	8,233 fr.

Pour subvenir à ces dépenses, le conseil chargea le maire de solliciter du préfet l'autorisation de tourber dans les marais communaux.

de la fabrique, ont pu cependant éloigner quelque peu
les menaces de ruines que d'autres travaux écarteront
encore.

VII.

LES CLOCHES.

Avant de quitter l'église, nous devons interroger les
cloches rencontrées vers le haut de la tour de l'est
lorsqu'on monte sur la plate-forme pour contempler
Abbeville à vue de corbeau. Les cloches, ces chroniques
de bronze qui racontent elles-mêmes leur histoire et
celle des édifices en durables inscriptions gravées par le
moule même, n'ont pas, dans les clochers, d'interlo-
cuteurs plus voisins que les corbeaux qui jettent, en
façon d'allégorie, leurs croassements carnassiers au
milieu des sons religieux. Et quelle église est mieux
que la nôtre peuplée des noirs exécutants du symbolique
concert? Les tours, qui ont les premières frappé nos
yeux d'enfants, nous sembleraient désertes si nous ne
voyions encore tourbillonner autour d'elles à chaque
heure du jour, mais surtout quand les cloches entrent en
branle, les bandes connues des choucas à crâne gris.

Les vieilles cloches de Saint-Vulfran ont disparu, et
quelques-unes seulement ont transmis aux générations
à venir leurs noms et les noms de leurs parrains. Les
cloches se chassent quelquefois et se succèdent comme
les dynasties, mais dans l'empire aérien qu'elles rem-
plissent de leur bruit, les vaincues, jetées au feu, ne
reviennent jamais, sinon sous d'autres noms, prendre la
place des victorieuses.

En 1714, la cinquième cloche, accidentellement cassée,
fut refondue dans le cimetière même de Saint-Vulfran,

et, peu après, bénite dans la nef. On lisait sur cette cloche : CHARLOTTE EST MON NOM, LE NOM DE MON PARRAIN EST MESSIRE CHARLES-ANTOINE DE BEAUVARLET SEIGNEUR DE BOMICOURT ET AUTRES LIEUX SUBDÉLÉGUÉ DE L'INTEN-DANCE A ABBEVILLE, LE NOM DE MA MARRAINE EST DE DAME MARIE-ANNE FOUCQUE ÉPOUSE DE MESSIRE LOUIS-CHARLES MANESSIER CHEVALIER SEIGNEUR DE BRASSIGNY, HEUZE-COURT, MONTIGNY, SAINT-ACHEUL ET AUTRES LIEUX, LIEUTENANT-GÉNÉRAL D'ÉPÉE EN LA SÉNÉCHAUSSÉE DE PONTHIEU 1714. — *Mss. Siffait.*

En 1736, les chanoines « ayant retiré du louage de leurs chaises, tous frais payés, douze cents livres, » firent refondre deux des cloches, la seconde et la cin-quième (celle nommée plus haut). Le fondeur Leguay, qui demeurait à Abbeville, rue des Carmes, ayant accepté l'entreprise, procéda à l'opération dans le ci-metière même de Saint-Vulfran. Les deux cloches furent coulées d'une seule fonte en octobre 1736, avec une clochette des capucins que les chanoines firent géné-reusement refondre à leurs frais. Des deux cloches refondues de Saint-Vulfran, l'une pesa alors 3,500 livres et l'autre 1,500.

Ces trois cloches furent encore bénies dans la nef de Saint-Vulfran.

Sur la plus grosse on lisait :

GUILLAUME DE MACON AUMÔNIER DE SAINT-LOUIS ET ÉVÊQUE D'AMIENS M'A DONNÉE. J'AY ÉTÉ BÉNITE PAR MONSEIGNEUR LOUIS-FRANÇOIS-GABRIEL DORLEANS DE LA MOTTE AUSSI ÉVÊQUE D'AMIENS, NOMMÉE GENEVIÈVE-FRAN-ÇOISE PAR VÉNÉRABLE ET DISCRET MESSIRE ALEXANDRE-FRANÇOIS DE FORCEVILLE PRÊTRE ET CHANOINE DE CETTE ÉGLISE ROYALE ET PAR DAME MARIE-GENEVIÈVE BECQUIN

ÉPOUSE DE HAUT ET PUISSANT MARQUIS DE GREBOVAL
CHEPY SEIGNEUR ET PATRON DE HUPI ET GRENESCVILLE
SEIGNEUR DE St-MAXENT, GROUZE..... (un blanc assez
long) ARMONIER ET AUTRES LIEUX, MARÉCHAL DES CAMPS
ET ARMÉES DU ROI, CHEVALIER GRAND CROIX DE L'ORDRE
MILITAIRE DE St-LOUIS.

Louis Legay fondeur d'Abbeville m'a faite en l'année 1736.

Sur l'autre cloche on lisait :

J'AY ÉTÉ BÉNITE PAR MONSEIGNEUR LOUIS-FRANÇOIS-
GABRIEL DORLEANS DE LA MOTTE ÉVÊQUE D'AMIENS,
NOMMÉE MARIE-FRANÇOISE PAR M. PIERRE FOUCQUE,
ÉCUYER SEIGNEUR DE BONVAL, CONSEILLER DU ROI AU
SIÉGE PRÉSIDIAL DE CETTE VILLE ET PAR DAME MARIE
LESPERON ÉPOUSE DE M. Me FRANÇOIS GASPARD DE RAY,
CONSEILLER DU ROI AU SIÉGE PRÉSIDIAL DE CETTE VILLE,
MAÎTRE ET ADMINISTRATEUR DE LA FABRIQUE DE CETTE
ÉGLISE.

Louis Le Guay fondeur d'Abbeville m'a faite l'an 1736.

Le dimanche 14 octobre, à l'issue de sexte, Monseigneur étant revêtu de ses habits pontificaux, la crosse
portée avec tout le cérémonial de coutume, MM. du
chapitre en chapes, précédés de la croix, allèrent du
chœur à la nef pour faire la bénédiction des dites
cloches, en présence des RR. PP. capucins venus dans
l'église avec la croix.

Ensuite, Monseigneur ayant fini les prières, donna
trois coups à chaque cloche en commençant par la
grosse; puis les parrains et les marraines des deux
cloches de Saint-Vulfran frappèrent chacun de trois
coups celle qui devait porter leurs noms; ensuite M. le
chevalier de Forceville, avec la fille de M. le marquis
dit cy-dessus, frappèrent de trois coups celle des ca-

pucins. La bénédiction accomplie, les parrains, les
marraines et les principaux du chapitre allèrent dîner
chez M. de Forceville, chanoine et l'un des parrains.

Les RR. PP. capucins remportèrent sur-le-champ et
processionnellement leur cloche, mais sans dîner; ils
étaient petits personnages auprès des chanoines.

Après le dîner, Monseigneur officia à premières
vêpres de la fête de saint Vulfran, et le lendemain à
tout l'office.

La pose des nouvelles cloches provoqua, en 1737,
quelques changements dans la tour, changements qui
nécessitèrent bientôt le placement de plusieurs ancres
en fer dans la maçonnerie. Ces ancres ne purent ras-
surer les craintes en éveil; le 1er novembre 1747, le
carillonneur s'apercevant que le mouvement des cloches
ébranlait de plus en plus la maçonnerie des tours, donna
avis de sa remarque au chapitre qui assembla les maîtres
maçons et charpentiers les plus habiles, les priant de
rechercher les causes du mal et les moyens d'y remé-
dier. Les maçons et les charpentiers étaient en assez
grand nombre sans doute pour ne pouvoir s'entendre.
Les chanoines firent venir d'Amiens un expert qui accusa
hautement l'inexpérience de l'ouvrier chargé, en 1737,
des travaux du beffroi, et déclara tout net que le mon-
tage vicieux des cloches ruinerait infailliblement la
maçonnerie, malgré les ancres de 1744.

Les chanoines, sous le coup de cette menace, défen-
dirent de sonner à l'avenir les six plus grosses cloches
autrement qu'en les frappant avec un marteau, et, pour
parer au danger, sollicitèrent du roi l'obtention de
fonds sur les revenus de quelque abbaye vacante. Leur
demande ayant été rejetée, malgré l'avis de l'Évêque,

de l'Intendant d'Amiens et du Sénéchal de Ponthieu, le chapitre chargea, au mois d'août 1750, M. Desmarest, architecte de Rouen, depuis peu fixé à Abbeville, de la direction des travaux de consolidation. Ces travaux durèrent trois ans et coûtèrent près de 4,000 livres réalisées par un emprunt.

Mais l'heure fatale est venue pour tous les carillons.

Le 22 décembre 1792, le conseil général de la commune d'Abbeville décide qu'il ne sera conservé dans chaque paroisse que deux cloches, la plus grosse et la plus petite, et que les autres seront adressées à Amiens pour la fonte et la conversion en monnaie, en vertu de la loi du 12 avril 1792. Le conseil général, pour donner l'exemple, arrête qu'il ne gardera lui-même que les deux plus grosses des quatre cloches de l'hôtel-de-ville.

Le sentiment d'une partie de la population résistait cependant à l'abandon et protestait même ; les discussions du temps nous en ont conservé la preuve.

Dans une séance du conseil d'Abbeville (31 juillet 1793), le représentant Dumont demandait, la République ayant un pressant besoin de canons, qu'on descendît toutes les cloches des paroisses et qu'on n'en conservât qu'une dans chaque clocher. Le représentant n'ignorait pas, disait-il, la pétition antérieure des habitants pour la conservation de leurs cloches, mais il comptait sur le patriotisme de la ville et ne doutait pas qu'on ne fît le sacrifice d'un peu de bronze au danger de la patrie. — *Registre aux délibérations de la ville.* — Le conseil général de la commune prenait, le 2 avril 1793, un nouvel arrêté en vertu duquel toutes les cloches devaient être, sauf une, descendues des clochers et livrées à l'État pour la fabrication des canons.

Les quatre cloches qui carillonnent actuellement en désaccord dans la tour du guetteur, ont été fondues en 1824 par Gorlier, de Frévent. Elles furent bénies le 9 novembre 1824 par Mgr de Chabons, évêque d'Amiens. Les parrains et marraines étaient, pour la première, M. Louis DU LIÈGE D'AUNIS, chevalier de la Légion d'honneur, maire d'Abbeville, et dame Appoline VINCENT D'HANTECOURT, épouse de M. Clément HECQUET DE ROQUEMONT, écuyer, adjoint à la mairie. Cette cloche fut nommée Marie-Thérèse, suivant le désir de S. A. R. la duchesse d'Angoulême et de S. A. R. le duc de Bordeaux. Cette cloche « du ton d'*ut* » pèse, dit-on, 4,000 livres. M. l'abbé Michel, mieux informé sans doute, écrit 3,371.

Le parrain et la marraine de la seconde étaient M. Jean-Joseph-Louis-Frédéric DE CARRIÈRES, sous-préfet d'Abbeville, chevalier, et dame Marie-Charlotte-Victoire DE FREYTAG, épouse de M. D'AUNIS. Cette cloche fut nommée Louise-Victoire; — poids, 2,715 livres.

La troisième eut pour parrain et pour marraine M. Jacques-Nicolas-Antoine DE BOUTEILLER, président du tribunal civil d'Abbeville, chevalier de la Légion d'honneur, et dame Charlotte-Mélanie COCHET, épouse de M. Alexandre-Porphyre LABITTE, procureur du roi. Cette cloche fut nommée Jeanne-Mélanie; — poids, 1,879 livres.

La quatrième, pesant 1,597 livres, eut pour parrain et pour marraine M. Laurent-Joseph TRAULLÉ, ancien procureur du roi, président du conseil de la fabrique, et demoiselle Marie-Françoise PETIT, fille de M. Petit-Verdun, juge au tribunal de commerce, marguillier de la paroisse. Cette cloche fut nommée Rosalie-Willelmine en mémoire, voulut-on, de Guillaume de Mâcon, évêque d'Amiens.

L'ANCIEN CIMETIÈRE.

Autour de Saint-Vulfran était un cimetière, et ce cimetière longeait d'un côté la rue de l'Hôtel-Dieu et peut-être s'avançait de l'autre côté jusqu'à l'angle de l'église par l'impasse Makalembert.

Déplorons avec toute la ville et surtout avec les étrangers, bons témoins et bons juges, la très-laide végétation des boutiques et des échoppes qui ont poussé dans le cimetière condamné, contre les murs mêmes de l'église. Ce ne fut qu'au milieu du xviie siècle que ces affreuses maisons furent construites sur des parcelles de terrain cédées par les chanoines dans le cimetière qui entourait l'église, moyennant un surcens annuel et la charge de veiller sur la châsse de saint Vulfran lorsqu'on l'exposait à la vénération des fidèles.

ADDITIONS OU NOTES.

I.

PORCHE A DROITE DU SPECTATEUR.

Voyez plus loin, dans la note sur la confrérie de Notre-Dame-des-Merciers, le prix de quelques statues de ce porche.

PORCHE A GAUCHE DU SPECTATEUR.

Le très-savant et regrettable numismate M. Duchalais avait remarqué la nef des fous sur plusieurs églises de la fin du xve siècle ; il qualifiait par un mot très-énergique cette introduction des allégories profanes dans la décoration des églises à la date où les constructions religieuses furent livrées à l'inspiration populaire. La généralisation du point de vue et le jugement même sont dans ce mot : dégradation du symbolisme chrétien. Notre collègue M. de Montaiglon, qui s'est arrêté devant Saint-Vulfran, penche à reconnaître aussi, me dit-on, la nef des fous dans le navire de notre portail.

II.

LES PORTES.

M. Gilbert s'est trompé. Vérification faite, c'est la porte désignée par l'inscription *Dilexi...* qui fut donnée par M. Tillette, et la porte désignée par l'inscription *Ædificavit...* qui fut donnée par M. Vincent. — Le maïeur d'Abbeville, en 1620, était Jean Vincent de Raimecourt et d'Hantecourt, conseiller.

III.

LA NEF.

Les écussons aux voûtes. Cet usage de sculpter sur les murs et sur les clefs de voûte des édifices les armoiries ou les devises des personnages, clercs ou laïques, qui les faisaient construire ou réparer, datait du XIIIᵉ siècle.

IV.

LE CHOEUR DANS LA NEF

AVANT 1663.

Suivant M. Traullé, qui rappelle les libéralités des donateurs de portes, les sculpteurs de la ville ne seraient pas restés en arrière de générosité; ils auraient fourni la boiserie du chœur d'abord placée dans la nef (voyez le plan A) avant l'achèvement de la voûte en bois du chœur actuel en 1663. Ainsi, remarque M. Traullé, l'église s'embellit par la coopération de tous, sans que de trop grands frais écrasassent le chapitre, la ville ou les particuliers.

Le chef-d'œuvre construit, ajoute M. Traullé, sur le modèle de la sculpture du chœur d'Amiens, disparut vers 1793.

V.

CHAPELLE DE SAINT-NICOLAS.

J'ai trouvé et je possède maintenant les deux mémoires imprimés en 1751, pour et contre les prétentions ennemies des chanoines de Saint-Vulfran et du curé de Saint-Nicolas. Le premier, signé Mᵉ Auvray avocat, Deflers procureur, est intitulé : *MÉMOIRE pour les doyen, chanoines et chapitre de l'église royale et collégiale de Saint-Vulfran de la ville d'Abbeville, demandeurs et défendeurs*, CONTRE *le sieur Lavernier, chanoine de Saint-Vulfran et curé-vicaire perpétuel de la paroisse Saint-Nicolas, les receveurs et marguilliers anciens et en charge de la même paroisse, et les sieurs Delegorgue et Maurice, défendeurs et demandeurs;*

le second, signé M⁰ de Calonne avocat et Cinget procureur, avait pour titre : *MÉMOIRE pour les curé et marguilliers de la paroisse Saint-Nicolas de la ville d'Abbeville, défendeurs et demandeurs,* CONTRE *le chapitre de Saint-Vulfran de la même ville, demandeur et défendeur.* On a pu remarquer, dans le premier de ces titres, la supériorité hautaine de droits que prétendaient s'attribuer les chanoines, par ce simple mot de *curé-vicaire* jeté à leur adversaire. C'était d'ailleurs le chapitre qui nommait à la cure de Saint-Nicolas ; mais laissons ce grand procès du *Saint-Roch* pour quelques faits dont s'armaient les mémoires et qui deviennent de l'histoire pour cette monographie.

Les discussions ne paraissent pas avoir été rares entre les chanoines et le curé de Saint-Nicolas. Déjà, en 1748, une chaire introduite par le même curé Lavernier sans la permission du chapitre, avait amené un premier procès perdu, il faut le dire, par le curé. — *Sentence du 27 juillet 1748.* — Cependant l'arrêt donna au curé de Saint-Nicolas le droit de monter dans la chaire du chapitre. Il était avéré, en outre, que dans bien des cas, lorsqu'il s'agissait de faire quelque changement à l'autel de Saint-Nicolas, les curés demandaient au chapitre l'autorisation de faire travailler.

L'autel de Saint-Nicolas ne tenait strictement au pilier séparant la nef du chœur que depuis 1726 ; avant cette date, il en était séparé par un intervalle d'environ deux pieds. La pose d'une grille fermant l'entrée du chœur avait fait décider ce changement qui rendait la circulation des fidèles plus facile.

La question au fond, dans l'affaire du *Saint-Roch*, était de savoir si le curé et les marguilliers de Saint-Nicolas avaient quelque droit de propriété dans l'église de Saint-Vulfran et si, en ce qui concernait le temporel, ils pouvaient rien faire sans l'autorisation du chapitre. L'issue du procès, suivant ce que nous ont appris les mss. Siffait, aurait démontré en faveur de Saint-Nicolas.

On ne chantait à l'autel de Saint-Nicolas, ni messe haute, ni vêpres ; ces offices n'étaient célébrés qu'au chœur et par les chanoines.

On voit, dans le mémoire pour les chanoines, que la statue de saint Jean-Baptiste, enlevée par les marguilliers de Saint-Nicolas, ne regardait pas l'autel même autour duquel s'agitaient les discussions, mais était placée « en face du bas-côté de la nef opposé à l'autel. »

C'était le curé de Saint-Nicolas, et non le chapitre, qui tenait les registres des baptêmes, des morts et des mariages dans une circonscription assez restreinte d'ailleurs autour de Saint-Vulfran par les autres paroisses. Cependant c'était au chapitre, et non au curé ni aux marguilliers de Saint-Nicolas, qu'étaient payées les ouvertures de terre pour l'inhumation des paroissiens et de tous ceux qu'on enterrait dans l'église.

Il est bien certain, nous revenons sur ce point, que la paroisse de Saint-Nicolas était antérieure au chapitre. Voyez la charte du comte Jean II, portant érection de six canonicats : *Sciendum autem, quod est prædictos sex canonicatus et præbendas donavimus, de quorum numero unus habebit onus parochiæ, qui a decano et capitulo fuerit institutus.* Le titre d'établissement des douze premières prébendes ni aucun autre titre connu ne portant fondation de la paroisse, il faut donc bien, selon toutes les traditions, considérer l'autel paroissial de Saint-Nicolas comme un des plus anciens d'Abbeville.

La paroisse de Saint-Nicolas avait ses fonds particuliers, et nommait ses officiers comme toute paroisse indépendante. Ces officiers tenaient leurs assemblées dans Saint-Vulfran même, ainsi que nous avons eu occasion de le dire.—Voyez chapelle de Saint-Quiriace.

Chapitre et paroisse, dans la discussion du *Saint-Roch*, établissaient chacun par des preuves écrites, le chapitre que la paroisse n'avait jamais rien changé à l'autel sans la permission du chapitre, la paroisse qu'elle n'avait jamais consulté le chapitre pour les décorations de l'autel.

Dans la paroisse de Saint-Nicolas, était une confrérie sous l'invocation de saint Roch; voilà pourquoi la libéralité des paroissiens avait permis de commander le grand *Saint-Roch* qui devait en remplacer un autre petit et fort caduc déjà en possession du pilier.

Ce *Saint-Jean-Baptiste* avait été placé au pilier de Saint-Nicolas

à cause de la fondation (faite en 1596 par Charles Maillard, receveur du domaine de Ponthieu, et Jeanne de Quevauvillers, sa
femme), d'une messe en musique qui se célébrait à l'autel paroissial de Saint-Nicolas le mercredi de chaque semaine, mais qui,
depuis 1720, était privée des fonds destinés à l'acquitter. Trois
paroissiens, les sieurs Colombelle et Capet et la demoiselle Lesage,
avaient fait redorer ce *Saint-Jean-Baptiste* en 1742.

VI.

CHAPELLE DE SAINT-YVES.

L'auteur du *Voyage pittoresque dans les églises d'Abbeville*,
voyage publié par l'almanach que nous citons, nomme la chapelle
de Saint-Yves chapelle de MM. Paschal, parce qu'elle gardait la
sépulture de Charles Paschal et probablement aussi celle de son
fils adoptif, de Lavernot, le président au présidial.

L'épitaphe du diplomate était : CAROLO PASCALIO EQUITI CUTTÆ
VICECOMITI, HÎC CONDITO BEATAM RESURRECTIONEM EXPECTANTI
POSUIT PHILIPPUS FILIUS HISPANIÆ DOMINUS ABBAVILLÆ PRÆSES.

C'est presque à tort que j'ai renvoyé, pour le tableau de Varin,
à l'étude sur ce maître du Poussin dans les *Peintres provinciaux
de l'ancienne France*. M. de Chennevières ne connaissait pas encore le tableau d'Abbéville lorsqu'il écrivit son chapitre sur
Quintin Varin ; il n'a relevé qu'en 1853 la date curieuse de
l'œuvre en notre possession, et cette date (1610) fournira un
intéressant argument à son édition des *Lettres* du grand peintre
normand, lequel, deux ans plus tard (en 1612), allait recevoir de
Varin, aux Andelys, les premières révélations de l'art.

VII.

CHAPELLE DE SAINT-JEAN-BAPTISTE.

Je me décide à reproduire ici l'épitaphe de Jehan Le Vasseur
et de Jehanne Lessopière d'après M. Gilbert, les indications de

M. Raymond, répétées par nous, ayant été prises un peu légèrement :

Cy-devant gisent Jehan Le Vasseur (les mutilations de la pierre
rendent ce qui suit illisible) en Vimeu et demisiéle Jehanne
Lessepierre sa femme, lesquels ont fondé en ceste cappelle une
basse-messe perpétuelle que Messeigneurs doyen canoine et le curé
de Saint-Nicolai de l'église de ceans, chascun à son tour sont
tenus de dire et célébrer par l'un d'eulx chascun jour incontinent
après et messe au jour sincé et trespassá ledit Jehan le XII jour
du mois de may l'an de grasce mil quatre cens XXX un et laditte
demisiéle Jehanne trespassa le XIX jour du mois d'octobre l'an
de grasce mil quatre cens et huit. Priez pour leurs âmes.

Au-dessous :

Dieu soit loé de tout et tant faire le mieulx con peut.

Maxime que MM. Duthoit ont mieux lue, je pense, lorsqu'ils la
transportèrent au rétable de la Nativité :

Dieu soit loé de tout y faut faire le mieulx con peut.

VIII.

AUTEL DE LA CHASSE DE SAINT-VULFRAN.

Au lieu de : « la beauté des anges est surabordable, » *lisez :*
« la beauté des anges est suradorable. »

IX.

CHAPELLE DES MERCIERS. — LA CONFRÉRIE DIEU
ET NOTRE-DAME.

Une courte histoire de la confrérie sise en la chapelle des Merciers trouvera plus convenablement place un jour dans un travail
sur les confréries d'Abbeville. Contentons-nous, quant à présent,
de relever brièvement quelques notes dans un registre de la

« confrairie DIEU ET NOSTRE DAME DES MERCHERS » de la fin du
XV° siècle et du commencement du XVI°, en la possession de
M. Louandre.

En 1500, pour prendre une date entre les deux siècles, le total
des recettes de la confrérie était de 87 livres, 14 sols, 9 deniers ;
cette somme provenait des droits de maîtrise, d'apprentissage et
des offrandes volontaires des confrères et sœurs.

Les mises (dépenses) ordinaires s'élevaient à 32 livres, 9 sols,
10 deniers.

Aux quatre chapelains qui célébraient les quatre messes par
semaine pendant toute l'année................... 20 livres.

Aux compagnons et enfans qui ont aidié à dire es chinq festes
Nostre Dame les vespres et messes.......... 7 sols 6 deniers.

A M. le trésorier de Saint-Vulfran pour lostelage de la chapelle
au serviteur de la confrerie y compris 20 sols qui lui sont amo-
niés...................................... 60 sols.

Au clerc des chapelles....................... 2 sols.

Au cloquemant pour son vin.................. 2 sols.

Pour herbe en mai........................... 2 sols.

Pour les cappiaulx pour tout l'an.............. 10 sols.

Pour le luminaire................... 27 sols 6 deniers.

Pour l'escurage des candelliers..........

Les mises (dépenses) extraordinaires consistaient en messes de
sourcroit et en divers obit.

Le registre constate, aux années qui suivent, les générosités de
la confrérie pour l'entretien de l'autel de Notre-Dame et pour la
décoration du porche correspondant hors de l'église à cet autel.
(Voyez PORCHE A DROITE DU SPECTATEUR).

Je reprends, année par année, le registre, aux chapitres des
mises extraordinaires (il faut savoir que les bâtonniers étaient
élus à la mi-août de chaque année) :

1501-1502. Pour une ymage de Nostre Dame paié à maistre Pierre
Lœureux............. XII francs et XIII sols VI deniers.

Paié à Jehan Boucher et aux machons de Saint-Wlfran
pour avoir levé l'engien pour avoir mis et asize ladite
ymage.................................. XIII sols.

Païé à Jehan Riquier peintre pour avoir décoré ladite ymage et ung soleil....:......... huit livres et xi sols.

Paié à Pierre Lœureux tailleur d'ymages pour avoir deux ymages l'ung de Marie (suit un mot illisible) l'autre de Marie (suit un mot illisible)............... dix livres.

1502-1503. Paié pour ung engien à mettre les ymages du portal................................... vi sols. ˊ

Item aux manouvriers qui aidèrent à mettre lesdites ymages................................... iii sols.

Item pour ung coffret à mettre les lettres et statuts de ladite confrairie (Dieu et Notre-Dame-des-Merchers).... xii sols.

Item pour avoir fait refaire les barrières de la chapelle Nostre Dame............................... vi sols.

Item pour les lettres de chapitre de l'apointement fait avec les maistres du puy..................... ii sols.

Item pour avoir fait remettre à point et dorer la couronne de Nostre Dame et une neufve à son fils........ xx sols.

1503-1504. Paié à maistre Pierre Lheureux entailleur qui luy fust ordonné aux derrains comptes payés pour ce qu'il se plaindait des ymages qu'il avoit (faites) plus riches que n'avoit marchandé comme appert par sa quittance...... xl sols.

1504-1505. Paie à Colard Lengles pour avoir livré le couverture et..... à couvrir l'autel de N. D.......... xxxiii sols.

Au peintre Jehan Ricquier pour avoir le passet de dessus l'hostel................................ viii sols.

Audit pour avoir tiré le patron de deux Magdalenes. v sols.

A Petit Jehan huchier pour avoir fait ledit passet. iii sols.

Aux ouvriers qui ont fait la Magdalene du portal. ix francs.

Dans une de ces années ou des années environnantes , je trouve :

Paié à Magin pour avoir refait les deux chefs aux angles (anges suivant l'étymologie latine ; on prononçait sans doute encore angeles) et repaint les dyademes............... v sols.

A un autre pour six aunes de toile pour faire les deux aubes pour les angles............................. xviii sols.

Chaque année, le bâtonnier sortant remettait avec ses comptes, au bâtonnier entrant, les lettres appartenant à la confrérie : d'abord « la lettre de consentement du doyen et chapitre de faire et mettre la confrairie en la chapelle Nostre Dame en datte de mil trois cens soixante dix, le derrain jour de juillet ; » la lettre « d'apointement aveuc les confrères de la Conception, faite par doyen et chapitre en date de mil cinq cens et trois ; » une autre lettre d'apointement avec la confrérie de saint Firmin, dont le siége était dans la troisième chapelle du bas-côté gauche de la nef ; etc.

X.

BAS-CÔTÉ GAUCHE DU CHOEUR.

Un mot encore sur l'*Assomption* de l'autel et sur une petite chasse de saint Georges.

L'Assomption. Si ce tableau est en effet du peintre inconnu Melchior Rey, il dut appartenir à l'église des Minimes, et ne devint probablement décoration de l'autel de Notre-Dame-de-Lorette qu'après la Révolution.—Voyez l'*Almanach du Ponthieu* de 1783.

La châsse de saint Georges. On nous assure que la petite châsse vitrée placée sur un pilier tronqué de ce bas-côté gauche du chœur et renfermant une petite statue équestre de saint Georges, est la même qui renfermait dans l'église même de Saint-Georges cette statue du saint qui passait pour un chef-d'œuvre et qui fut fondue à Paris en 1793.—Voyez les NOTICES SUR LES RUES D'ABBEVILLE, au chapitre de Saint-Georges.—Les matelots du Rivage étaient en possession de porter cette châsse dans les processions. Un jour, M. Michel Gaffé, seigneur de la prévôté et du camp Saint-Pierre, lieutenant de la maréchaussée de Picardie, veut faire porter l'image de saint Georges par les archers de sa dépendance. Rumeur; les matelots s'écrient « que leur saint, n'étant pas criminel, ne doit pas être porté par des archers ; » ils s'opposent par la force à l'exécution de l'ordre de M. Gaffé, et une lutte sanglante s'en suit. — Dans une séance du conseil général de la commune (19 novembre 1792), un membre de ce conseil dit encore que l'enlèvement de l'argenterie des paroisses, ordonné par la loi du 10 septembre précédent, pourrait offrir des dangers et rencontrer des obstacles ; qu'il était à craindre que l'esprit des paroissiens, fort attachés aux châsses et reliques ou images des saints et des patrons de leurs églises, ne s'échauffât et n'opposât à l'exécution de la loi des difficultés sérieuses. Le conseil, frappé de ces observations, pria les administrateurs du département d'envoyer deux commissaires pour l'exécution de la loi, et demanda en même temps l'autorisation de laisser dans chaque paroisse l'image du patron, à laquelle les paroissiens, surtout dans la paroisse de Saint-Georges, paraissaient attacher un grand prix. — *Registre aux délibérations de la ville.*

XI.

CHAPELLE DE SAINTE-GENEVIÈVE.

Le 11 décembre 1690, le chapitre de Saint-Vulfran décida qu'il contribuerait pour un quart au lambris de cette chapelle.—*Extrait des registres du chapitre ; manuscrit de la bibliothèque d'Abbeville.*

XII.

Cette dernière note a amené la mention d'un manuscrit important et trop tard connu par nous. Le titre est la meilleure explication du manuscrit : *Extraits de plusieurs délibérations, par ordre alphabétique, des registres du chapitre de l'église royalle et collégialle de Saint-Vulfran de la ville d'Abbeville.* C'est un gros volume véritablement curieux, de plusieurs écritures, et poussé, pour quelques points, assez avant jusque dans le xviiie siècle. Nous recommandons ce mss. à ceux de nos successeurs qui s'occuperont de Saint-Vulfran ou même de quelques points de l'histoire d'Abbeville que peuvent éclairer ces extraits.

LE MONUMENT D'ABBEVILLE.

Ex uno tecto totus cognoscitur orbis.

Sous ce titre d'aspect ambitieux, nous voulons réunir à la fin de chacun des volumes dédiés en *ex-voto* à notre ville les indications des tomes précédemment publiés, afin que, si minime que soit le nombre des exemplaires respectés ou négligés par le temps, les collectionneurs futurs, les passionnés religieux de notre histoire locale, puissent, tant qu'un feuillet survivra, recueillir dans les ventes, dans la poussière des bibliothèques, sous la dent de l'humidité ou sous la dent des rats, nos dernières pages, débris elles-mêmes sur d'autres débris. Bien d'autres faits et bien d'autres noms couvriront alors les faits et les noms que nous éclairons d'un peu de lumière; notre œuvre exhalera quelque odeur de catacombe, de maison fermée, et notre nom, orgueilleusement inscrit par nous sur chaque pierre de la reconstruction, ne chargera plus qu'un édifice funéraire, un modeste nécrologe; mais les tombeaux sont l'histoire des générations et les nécrologes l'orgueil des familles. Sous nos précautions à sauver nos propres mesquines ruines avec les grandes ruines du passé, se glisse un setiment d'amour qui est notre excuse et qui nous enhardit. Est-ce une ambition, après tout, si peu haute et si peu en-

viable, que celle de laisser un souvenir chez ses compa-
triotes et d'être aimé de leurs descendants?

ASSISES POSÉES.

Notices *sur les rues d'Abbeville*, 1850, 1 volume.

Histoire de cinq villes et de trois cents villages, hameaux
ou fermes, ou *Notices historiques, topographiques et archéolo-
giques sur l'arrondissement d'Abbeville :*

Première partie (Les communes rurales des deux cantons
d'Abbeville et celles du canton d'Hallencourt). Abbeville, 1854.

Seconde partie (Rue et le Crotoy.—Les communes du canton
de Rue). Abbeville, 1856.

Troisième partie (Saint-Valery et les cantons voisins), 2 vol.
Abbeville, 1860-1861.

Jean de la Chapelle et la *Notice abrégée de Saint-Riquier*,
1 vol. Abbeville, 1857.

Les Hommes utiles *de l'arrondissement d'Abbeville*, 1 volume.
Amiens, Abbeville, 1858.

Les Chasses de la Somme. Paris, Amiens, 1858.

Le Catalogue de dom Grenier, articles de la revue *la Picardie*,
année 1857, pag. 82, 143 et 381 ; année 1858, pag. 330.

Notice sur Rambures (tirée à 100 exemplaires, numérotés sous
la presse). Paris, 1859.—Cette notice, publiée d'abord dans *la
Picardie*, est corrigée en quelques points dans ce tirage.

Saint-Vulfran d'Abbeville. Abbeville, 1860.

ASSISES A POSER.

Histoire de cinq villes, etc., quatrième partie. (Saint-Riquier
et les cantons voisins), 2 vol.

Histoire littéraire d'Abbeville, 1 vol.

Histoire militaire d'Abbeville, 1 vol.

Les Artistes abbevillois, simples notes.

Histoire des opinions politiques dans l'arrondissement
d'Abbeville, 1789-186.

Histoire d'Abbeville depuis 1848, 1 vol.

Cérémonies religieuses et processions dans Abbeville à
différentes dates.

Etc.

Abbeville, typ. P. Briez

www.ingramcontent.com/pod-product-compliance
Lightning Source LLC
Chambersburg PA
CBHW051722090426
42738CB00010B/2032